033

空に道あり

その道を歩む

内山拓郎

フジドリームエアラインズ相談役

中経マイウェイ新書

目次

転身、海から空へ …… 7
名古屋では一人ではない …… 11
町に転校 …… 15
お前は坊主になれ …… 19
下宿は同級生のたまり場 …… 23
「法相」で実社会に触れる …… 27
イスラエルのキブツへ …… 31
キブツは完全男女平等 …… 35
日本郵船への就職決める …… 39
日本郵船に入社 …… 43
郵船西軍野球部で早朝練習 …… 47
陸上組合専従になる …… 51
海運のコンテナ化進行 …… 55
法務の仕事に就く …… 59
香港に転勤 営業課長に …… 63
倉庫会社を設立 初月から利益 …… 67
新設の日本貨物航空に出向 …… 71
大阪営業所を開設 …… 75

免許問題が暗礁に　79
大阪での集貨順調に進む　83
アムステルダム乗入決定　87
アムステルダム支店開設　91
欧州初便　ＫＬＭと共同運航　95
欧州発の集貨は順調に　99
火山の噴火にヒヤリ　103
日本郵船帰任を断る　107
権益争いに巻き込まれ　111
イタリア乗り入れへ　115
台湾代理店は維持　119
バブル崩壊　大幅赤字に　123
ＵＰＳと提携　成田発着枠増やす　127
中国国際航空と提携　131
全日空との提携進む　135
初の全日空出身社長誕生　139
社長に就任　143
保有機の全面交代を決定　147
整備部門がＮＣＡから消える　151
郵船がＮＣＡの経営権取得　155
ロシアと共同で中部・欧州線就航　159
次世代機のローンチカスタマーに　163

整備自立へ大量採用……167
運航オペレーションセンター開設……171
4システムを同時に開発……175
IATAカーゴ・コミティーのメンバーに……179
NCA完全独立を達成……183
FDA立ち上げに参加……187
赤と水色の2機で運航開始……191
あとがき
日航が撤退した福岡・札幌に参入……195
大きな決断 信州まつもと空港進出……199
県営名古屋空港に本拠……203
LCC就航で乗員が大量流出……207
地方路線さらに拡大……211
創業7年目で経常黒字に……215
路線維持は地域の皆さんと共に……219

転身、海から空へ　地方の皆さまと一体に

私が大学を卒業して日本郵船に入社したのが１９６７年。郵船から日本最初の国際貨物専門の日本貨物航空（ＮＣＡ）に出向したのが、その就航前年の84年。そのＮＣＡ副会長を退任後、鈴与が始めたフジドリームエアラインズ（ＦＤＡ）に特別顧問として参加したのが、これも就航前年の２００８年である。

戦後日本の発展を支える海運業を希望して郵船に入社したが、海運関係の仕事は18年。その後の航空関係の仕事は32年になった。その32年間に二つの全く業種の異なる航空会社の立ち上げに加わったことになる。

一つは国際・貨物・ジャンボ機、もう一つは国内・旅客・リージョナル機であり、ジェット機を運航することに変わりはないが、それ以外の事業形態は全く異なるものである。

現在は国際航空のオープンスカイ化もかなり進んでいるものの当時は、国際航空路線は旅客も貨物も全てが政府間の航空協定により決められ、寄港地・運航ルート・運賃など全てが認可制であった。しかし経営は国際競争と経済原則の支配する世界である。相互乗入れが原則で、単独路線などはよほど特殊なケースに限られている。

逆に国内航空路線は特定の混雑空港を除けば届け出制である。

２０００年の航空法改正により国内路線はその運賃も含め、自由化されているが、現実にはその運営には見えざる規制もある。現在の国の航空政策は決して地方路線の運航者を考慮した状況ではない。

ＦＤＡの創業理念「地方と地方を結ぶ」ということ。これは単に路線を開設し、飛行機で結ぶということだけでは完結しない。地方の皆さまと一体になり、路線を維持するためにあらゆる努力をすることが求められている。

ＦＤＡ就航以来、8年間に会った人の名刺は9千枚以上になった。地方にどっぷり浸かった状態が現在の姿である。

筆者近影

名古屋では一人ではない　ルーツは兵庫県宍粟市

私は1942（昭和17）年8月、兵庫県宍粟《しそう》郡（現・宍粟市）山崎町で4人兄弟の長男として生まれた。

父・小林芳一は明石の出身。姫路師範を出て赤穂の国民学校の教師をしている時に内山家に養子として入り、40年に幾久子と結婚した。

その後、兵庫県養父《やぶ》郡（現・養父市）の建谷《たきのや》中学の教師をしていたが、祖父・淳亮の引きで49年宍粟郡山崎町の隣村の城原中学校（現・山崎南中学校）に転任。柔道6段で城下村の自宅で城原中学の校章からとった「三葉倶楽部」という名の道場を開いていたが、51年に母と別居の後、離婚した。

内山家の先祖は、1580（天正8）年に宇野下総守政頼の長水城が豊臣秀吉により落城。逃げて奥播磨の宍粟郡井内村に住みつき、1697（元禄9）

年頃より天領の生野代官配下の庄屋をしていた。

曽祖父儀一郎が有元繁乃と結婚、その三男として祖父淳亮が１８８８（明治21）年に生れた。福原家は佐用の士族で福原幸行が有元きくえと結婚、93（明治26）年に長女クメジが生れた。有元家は菅原道真を祖とする美作の菅家党である。祖父は福原クメジと結婚、１９１８（大正７）年に私の母、幾久子が生れた。

祖父は神戸にいたが、母が1歳の時に祖母が急逝した。小林ヨネと再婚し、その後、山崎町に移り料理旅館を始めた。戦後は兵庫県会議員や姫路で丸信産業信用組合を手掛けていたが、69歳の時に会社で倒れた。

子供の頃、山崎には多種多様の商店はもちろん映画館二つや芝居小屋もあり、飲み屋は１００軒、江戸時代からの繁栄を保っていた。祖父に連れられ、芸者も来て大勢でマツタケ狩りに行き三味線入りで大騒ぎしたこともあった。

祖母は丸信産業信用組合を引き継ぎ、67年には山崎町に養老院「長水園」を寄贈し国から紺授褒章、68年には山崎町から町政功労賞をいただいている。

母は兵庫県立山崎高女を卒業後、神戸の県立第一高女の保育研究科を出て、山崎町立幼稚園に勤務したが結婚を機に退職した。51年、幼稚園の無かった城下村に幼稚園を開設した。54年にはそれを引き継ぐ形で城下村立幼稚園が開園したのでしばらく勤務して辞め、旅館を引継いで71年まで続けていた。

なお、母の従兄弟《いとこ》の内山義男は名古屋の電力会社・矢作水力で福沢桃介の下で働き、内山弘は戦後長く名古屋で石原肥料の社長をやり、内山ヨシノは岡崎の竜泉寺に嫁いでいる。

母は私が今、名古屋にいることを知れば、「名古屋でもあなた一人ではないよ」と言うような気がする。

長水城跡（宍粟市提供）

祖父　内山淳亮（日露戦争の頃）

町に転校　物象部と音楽部を掛け持ち

１９４９（昭和24）年、建屋小学校へ入学したが、１年の２学期に宍粟郡の城下小学校へ転校した。１学年２組60人程度の小さな学校で、生徒はほとんどが農家の子たちだった。私は授業が終わってもほとんど毎日暗くなるまで図書室にいて、手当たり次第に本を読んだ。

２年生の時、祖父と西宮のアメリカ博へ行き、初めて〝空飛ぶホテル〟と言われたパンナムのボーイングストラトクルーザーの実物大模型を見てびっくり。その時は将来飛行機の仕事につくとは想像もしなかった。

５年生でボーイスカウト宍粟第２隊へ入隊。20人ぐらいの隊であったが、毎週日曜に城下の西光寺へ集まり、隊長の村上義憲副住職の指導の下で野営や炊事、手旗の訓練をし、休みには近隣へ３～４日の野営に出かけた。

55年、1学年3組120人の城原中学校へ入学したが、9月に山崎中学校へ転校。土地柄、商売人やサラリーマンの子たちが大部分であった。

転校してすぐに同級生が私を物置部屋に連れて行った。中には3年生2人とその弟2人が陣取り、「生意気だ」といきなり青竹で私の尻をぶった。我慢していたら突然4～5人が乱入して大乱闘となり、私も相手の1年生を懲らしめた。彼らは札付きのワルで、1年生を次々と連れ込み乱暴。その被害者の1人がバレー部の3年生と共に殴り込んだことが後で分かった。

この事件は学校で大問題となり、結局、3年生は学校へ来なくなり、その弟たちはおとなしくなった。

私は二つの部に入った。一つは物象部で、神戸海洋気象台（現・神戸地方気象台）から観測の仕事を受けていたので、毎朝欠かさず学校の百葉箱を観察して気象台へ連絡した。ラジオの組み立てや物理の実験なども行った。また、音楽部では毎年NHKの合唱コンクールに参加、神戸の王子ホールにバスで行った。

2年生の夏、宍粟第2隊の隊員10人ぐらいで軽井沢の第1回日本ジャンボリーに参加。広大な山裾に海外12カ国を含めて約1万2千人が集まり、皇太子殿下（現・天皇陛下）も来られた。隣はフィリピン隊で言葉は通じないが交流をした。

フィリピンへは53年に日本から送ったボーイスカウトの使節団に、わが隊の中3の山国君が参加していたので親近感を持っていた。帰りに東京へ回り、築地本願寺に1泊して東京見物をした。

10月、日本肢体不自由児協会の生活作文募集に応募した。厚生大臣賞をいただき、毎日新聞山崎支局の記者が取材に来て「大臣賞に輝く友情作文」として地方版に写真入りで出た。

軽井沢ジャンボリー帰りに東京見物（前列左）

物象班で天体観測（左から３人目）

お前は坊主になれ　夏は故郷の寺で受験勉強

中学3年生になり生徒会長となったが、9月に兵庫県立姫路西高へ行く目的で一学年9組450人の姫路市立白鷺中学に転校した。白鷺中学校区の丸信産業信用組合に住民票を移し、親しい臨済宗妙心寺派の仏心寺から頼んでいただいて西高近くの同派の東光寺に寄宿した。当時、白鷺中には私のような越境生徒が多数いた。

夏休みはボーイスカウトや部活が忙しくほとんど勉強しなかったので、転校早々の全校模試では70番程でひどい成績であった。これは大変と1カ月ぐらい勉強して、11月の模試では7番になり西高合格圏内となった。

1958（昭和33）年に西高へ入り、新聞部と音楽部に入った。新聞部は少人数で忙しく、井奥博之君（後のトヨタ自動車監査役・愛知万博事務総長代理）

も一緒に、記事に注文の多い西高生に読んでもらえるよう苦労した。

西高新聞は3年生の時、神戸新聞社の高校新聞コンクールに応募して2位となった。1位は神戸高校だったが、その神戸高校を訪れた時、設備の充実に驚いた。新聞の交換は、神戸高校、竜野高校の他、なぜか旭丘高校とも行っていた。

音楽部は毎年2回、うち1回は姫路公会堂で発表会をしていたので『美しく青きドナウ』や『流浪の民』などの練習が結構きつかった。

2年生の夏、姫路より3〜4度は涼しく勉強に良い環境ということを理由に1カ月ぐらい宍粟郡繁盛村にあった仏心寺に行った。仏心寺では午前6時起床、中川義雄住職と共に般若心経など読経15分、その後、草取りや掃除、剪定《せんてい》、8時頃から朝食、9時頃から読書と一応勉強という生活であった。

ある時、夫婦喧嘩で住職夫人が子供を連れて長期帰省したので、その時は私が2人分の食事を作った。仏心寺には吉川英二全集や第2次大戦関連の書籍が多くあり、2年生の時はそのほとんどを読み、余り勉強をしなかった。

3年生の1学期までは、部活で結構時間を取られた。西高で東大、京大を目指す生徒は50人位いたと思うが、その中では勉強量は少ない方だったと思う。夏休みにまた仏心寺へ行った。朝の日課は今まで通りだったが今度は本気で受験勉強をし、秋には京大法学部合格圏内に入った。

仏心寺と内山家は代々にわたる付き合いだった。子供の頃、祖父から「お前は坊主になれ」とよく言われていたが、それは案外本心だったのかもしれない。

姫路西高新聞部（左から２人目が筆者、３人目が顧問の宮崎徹二郎先生）

姫路西高音楽部の部員ら（後列左端が筆者、前列左から２人目が顧問の真下恭先生）

下宿は同級生のたまり場　デモ行進や仮装行列に参加

１９６１（昭和36）年３月、京大の合格発表を見に行き、その足で京大の近くで京都予備校の寮を経営していた大叔母を訪ねた。当時、彼女は80歳を超えていたと思うがかくしゃくとしており、すぐ下宿探しに動いてくれてその日のうちに下宿を決めた。京都へ出て事業を成功させた人の行動力だと思った。

４月、京大法学部に入学した。西高からは、同じクラスの堀川和洋君（元姫路市長、故人）、佐伯照道君（元大阪弁護士会会長）と私の３人が入学した。教養部では女性３人を含む２５０人が５組に分かれ、私は４組（Ｊ４）となった。

私がいた田中樋ノ口町の下宿は京大に至近で、Ｊ４でボート部の早川憲二郎君（川崎製鉄）も入居しており、同級生が多数出入りしていてその中にはボート部の佐藤茂雄君（元大阪商工会議所会頭、故人）や荻原茂君（名港海運相談役）もいた。

入学早々、池田勇人内閣が出した政治的暴力行為防止法案（政暴法案）反対運動が全国的に起こった。京大でも同学会（京大自治会）が反対を表明。私はクラスの自治委員としてクラスでの討議を行い、多数がデモに参加して度々河原町をデモ行進した。法案はその年の暮れ、廃案となった。

Ｊ４では11月祭（学園祭）に模擬店を出店。また、仮装行列にも参加した。模擬店のおでん屋では、ドブロクを仕入れて販売した。仕入れ値は安く利益が期待されたが、酔っ払いの客からただ飲みされて収支とんとんに終わった。

仮装行列は「悪徳の栄」と書いたプラカードに引率され河原町を練り歩いた。はりぼての大陸間弾道ミサイル（ＩＣＢＭ）の「アトラス」を引き、市役所前で発煙筒を燃やして後で消防に大目玉を食ったが、その消防から「アトラス」

を提供してくれと申し入れされた。

Ｊ４では『塑像』という文集も作った。寄稿は16名のみだったが力作で、一部１５０円で、クラス全員が買ってくれたので赤字にならずにすんだ。今、読み返しても面白い。

卒業後もＪ４は東京や京都で集まりを重ねて来た。しかし、既に50人中11人の物故者が出て、しかもうち６人は若い命を自ら断った。多感な時代に共に過ごした同級生がどんな気持ちで逝ったのか、今でも彼らの顔が浮かぶ。39人は、裁判官、検事、弁護士、大学教授、外交官、市長、実業界や自営業に進み、左翼も右翼もいるが、会えば皆、昔に戻っている。

京大11月祭で、Ｊ４は仮装行列に「悪徳の栄」のプラカードをもって参加（右から４人目）

『塑像』（Ｊ４文集）

「法相」で実社会に触れる　ゼミ発表で浴びた鋭い批判

2回生になり、京大法律相談部（法相）に入った。1946年、民法の於保不二雄教授が、一般市民を対象の無料法律相談を行う法相を創部。以後、毎土曜日に京大構内で法律相談を行っていた。秋、春には、出張相談も行い年間280件程度の相談を受けていた。

その目的は、学生が相談を通じて実社会を学んで地についた法律の勉強をし、社会に貢献することにあった。

我々は毎土曜日の午後相談所に集まり、3〜4人に分かれて来所人の話を聞いた。於保先生も必ず出席された。相談内容は圧倒的に借家・借地問題が多かったが、賃貸借や家族関係の相談もあった。そこから、相手の話はじっくり時間をかけ客観的かつ多方面から聞き出すことが大切だということを学んだ。

聞き終わると要点をとりまとめて皆で検討し、すぐ回答が出せる場合以外は自分達で調査し、場合によってはその場に来ているＯＢの弁護士の意見も聞いて、最後は於保先生の判断を仰ぎ、来所人に回答した。

部室が法学部の構内にあったので、ほとんど毎日部室に集まり、事例の研究や意見交換を行った。於保先生には毎土曜日にご指導いただくのみではなく、時には自宅に押しかけるなど、大変お世話になった。先生の学識のみならず人格にふれる機会を得た事は大変な幸運だったと思っている。

３回生になり民事訴訟法の中田淳一教授のゼミに入った。その頃、私は「法律は執行されて初めて強制力を持ち得るものであるから、訴訟法こそが法律を法律たるものにする」と考えていた。中田ゼミ18人の学生は私と同様にほとんどが法曹志望であり、現にそのほとんどが法曹界に入った。

指名によりゼミでの最初の発表を行ったが、先生から鋭い批判を浴びたことを覚えている。

ゼミでの討議は大変面白かったし法律の勉強そのものは興味深かったが、法相で先輩弁護士と接してその仕事について色々聞くうちに、一生法律を扱う仕事が本当に自分のやりたいことであるか疑問を持つようになった。

また、自治委員をしていたので、民青（日本民主青年同盟）に入った友人や先輩も多かったが、彼らが目指す改革が果たして現代日本に適合するかについても大いに疑問を持っていた。

もう少し考えたい。

その様な時にイスラエル行きの話がワークキャンプをやっていた親しい友人より持ち込まれた。

於保不二雄先生（前列中央）と法相の同級生

於保不二雄教授（民法）

イスラエルのキブツへ　共産主義的共同生活を体験

1964年8月から65年8月まで、イスラエルの第1回日本青年キブツセミナーへ参加した。

このセミナーは64年にイスラエルのヘブライ大学へ留学中の石田友雄氏（筑波大学名誉教授、聖書学者）が、当時欧米諸国より注目を浴びていたイスラエルの共産主義的共同体キブツに日本の青年を招致し、キブツでの生活を通じて日本とイスラエルの友好関係促進に役立てようと企画したもの。イスラエル外務省が協力、イスラエルまでの旅費を除く全ての費用をイスラエル側が負担し、参加者は男女14人だった。

私は7月24日、ジム・イスラエル社の貸客船で神戸港を出帆、途中シンガポールで1週間停泊、8月29日イスラエルのエイラト港に到着した。翌30日外務省のチャーター機ＤＣ３でテルアビブ経由でエルサレムに入り、９月１日にはプレジデントホテルでイスラエル外務省主催の歓迎会が、服部比佐治大使も出席し盛大に行われた。

９月５日受け入れ先のキブツダリアに入った。キブツダリヤはシオニズム運動の一環として、39年にユダヤ基金が当時オスマントルコ領だったパレスチナの荒野約１０００万平方メートルをトルコ人地主から買いとり、それを１００人程のルーマニアとドイツの社会主義青年グループに資金と共に借し付け、建設された。

人口は５００人（大人３００人、小人２００人）位、その収入は80パーセントが２つの工場（水量計およびせっけん）で、他は果樹園、養鶏、酪農などの農業収入、日本円にして６億円程度で２３０程あったキブツの中でも裕福な一つと言われていた。

設備は、食堂（500人規模）、共同洗濯場、共同倉庫、衣料工場、診療所、図書館、娯楽室、喫茶室、講堂（200人規模）、個人の住宅の他、プールや他のキブツと共用の運動場や劇場、コンサートホールまで所有していた。

子どもは乳児から5歳までは子どもの家で集団で育てる。6歳から13歳までは全寮制の学校で、14歳から以上18歳までは他のキブツと共同の寄宿舎付の学校（7学年）で集団生活をする制度を採用していた。18歳まですべて男女同室の4人部屋であった。

我々の宿舎は、30平方メートル位のワンルームに2人が居住。シャワー、トイレは共用。同室は京大法学部同級生の直井英剛君、寮にいる様な気分で何の不自由も感じなかった。

共産主義を実現したキブツダリアの全景

キブツは完全男女平等　交流深めた労働とセミナー

セミナーの年間活動計画は外務省、キブツ、石田友雄・道子夫妻の協議により決められていた。日課の中心は、まずキブツメンバーと共にする労働と各種の学習、夜はしばしばキブツの行事を通じての交換であった。

労働はメンバーごとに職場が決められ、私には果樹園（リンゴとオレンジ）が割り当てられた。朝6時に指定場所に集合して農作業用トラックの荷台で果樹園へ行き作業、8時になると食堂へ行き朝食。その後、職場へ引き返し12時が過ぎると食堂へ行き昼食をとった。

キブツの正メンバーの労働時間は1日8時間であったが、我々は原則午前中だけで、午後はセミナー行事にあてられた。内容は、ヘブライ語、キブツに関する歴史や理論、ユダヤ史、イスラエルの国内事情に関する講話、国の重要人物の講話、国内旅行などである。

キブツダリアには我々の他に、アメリカやブラジルのグループが短期間滞在した。これらの人とも交流を行った。日本から報道関係者、地方議員、映画監督、大学教授等が訪れ、我々の生活の実態を調査した。映画監督の小林正樹氏や立教大学教授の松下正寿氏等は記憶に残っている。

キブツ側は、男女各1人のセミナー担当者を指名した。この人達には自分の子どもに接する様に献身的に面倒を見て頂いた。各メンバーにはホスト家族が指定されており、私のホストはベンジャミンと言い、ポーランド出身の47歳でせっけん工場の技術者。大変な酒好きで、訪問時にはいつも酒盛りだった。

小学生の女の子が2人おり、シャバット（休日の土曜日）の午後には両親のもとに帰って来て団欒を楽しみ、夜には学校へ帰って行った。

キブツはトルコ領ではあったが、半ば無政府状態の土地に定住の基礎を自力で作り、イスラエル建国に重要な役割を果たした。

その成功はメンバーの社会主義思想に加え、徹底した議論で物事を決定する直接民主主義の結果である。現在キブツは2世、3世の時代になっているが、赤子の時から親と離れて集団で育てられた子どもたちが今どの様に成長したのか詳しく調べてみたい気もする。

報告書を書き終え、65年8月中旬にジム・イスラエル社の貸客船で日本へ向け出帆、途中サイゴンでは遠くで砲声や爆撃音が聞こえる河川港に10日程停泊した。将来サイゴンに関係する仕事をするとはその時は想像もしていなかった。

10月中旬に岩手の宮古港に着き、そこから兵庫県の自宅へ帰った。

第１回日本青年キブツセミナーに参加したメンバー（後列右から２人目が筆者、前列左から３人目が石田道子さん）

キブツダリア居住地区

日本郵船への就職決める　親しい友相次いで逝く

1965年11月に復学した。65年度中は司法試験留年組や大学院に進んだ者などかなりの同学年が残っており、特に寂しさはなかった。

その年の冬、J4の宮下明君が突然自殺した。灘高出身の彼は快活で議論好きであり、その年の司法試験に合格していた。通夜・葬儀には、J4の諸君が大勢集まったが誰も理由を知らなかった。本当に残念だった。

66年度に入って法律学以外、政治学の授業にも出た。また、図書館で英語の法律文献なども読んだ。政治学の高坂正堯助教授とも時に話をし、イスラエルの話など興味深く聞いていただいた。授業でイスラエルの話が出た時は驚いた。法相にも、相談日はもちろん平日も顔を出し、皆に先輩扱いされたが3年下の部員と親しくなった。その中に自治省（現在の総務省）へ行った谷本正憲君

（石川県知事）や西川一誠君（福井県知事）がいた。

　春、Ｊ４で大学院に進んでいた池田米秋君が自殺した。同じくＪ４で大学院生になっていた山口和憲君（後の岡山大教授）が「葬儀に参列しよう」と言って来たが、以前宮下君の葬儀の時感じた、残念で腹立たしく何ともやるせない気持ちを思い出し、参列しなかった。なぜ参列しなかったのか今では後悔している。

　5月頃、中田淳一先生から司法試験を受けるか、就職するか尋ねられた。私は「国際関係の仕事が出来る会社を希望します」と答えた。しばらくして先生から「日本郵船はどうか」と言われ、海外の港に投錨している日本郵船の船を見て感動したことを覚えていたので「お願いします」と即答した。

　中田先生から、ゼミの先輩で日本郵船の顧問をしていた阿部士郎弁護士を紹介されて東京へ会いに行き、白仁満総務部長と3人で30分程度話をしたところ

「よし、大阪で関西の学生対象の面接があるからそこへ行け」と言われた。

7月初めに日本郵船大阪支店で面接があり、就職解禁日の8月1日に筆記試験を受けて正式入社となった。

阿部先生は京大卒業後に日本郵船に入社したが、社員で司法試験に合格。ロンドン大学に留学、当時日本の海事法の第一人者と言われており、西高、京大で同窓の佐伯照道君（後の大阪弁護士会会長）が司法修習でお世話になっていた。

中田淳一先生（右から５人目）とゼミ生

中田淳一教授（民事訴訟法）

日本郵船に入社　神戸支店で残業の日々

1967年4月、同期18人が日本郵船に入社した。本社で10日程度のオリエンテーションを終え6人が神戸支店へ赴任、全員が西宮の独身寮に入った。その中に鈴木通弘（現在の鈴木与平鈴与会長）君もいた。

私が配属された「濠亜課」は豪州およびアジア向け輸出貨物船積業務を統括する課で、担当はサイゴンやバンコク航路であった。ラインマスターは神戸大卒入社2年目の田渕啓二さんで、2年生が支店のライン業務全般を仕切っていたのは支店内でも例外だった。

入社当時バンコク航路は中・下旬の月2隻、サイゴンは月1隻配船だった。投入船はサイゴン、バンコクとも7千トン級の日本船の用船で、各船とも積荷は約3千トンB／L（船荷証券）、件数も200件程度であったが、中旬と月末・

月初は仕事が集中し、土日休日などはほとんどなかった。

しかも、サイゴン航路はベトナム戦争の激化にともなって荷動きが急増し、配船も当初の月1隻から2年目には中・下旬の月2隻配船になっていった。神戸積も約5千トンに増加、B／L件数も400件以上と主要航路並みとなっていった。

田渕さんと私は、昼間は東京、大阪の営業店や荷主代行の海貨業者との折衝、船の一等航海士や支店港務課との荷役関連業務の打合せ、夜は船積書類の内容チェックを行い、当然時間外も増えて月100時間超えは常態になっていた。

夏頃、本社担当が「サイゴン航路の神戸積が常に商船三井（MO）に負けている。対抗して神戸支店でも営業活動をやるよう」要請してきた。それまで神戸支店のアジア航路は一切集貨活動を行っていなかった。

大阪商船時代からアジアに強いMOに対抗して我々が営業活動をするのは大

変だと思ったが、68年始めより田渕さんと私は神戸の荷主訪問を開始、6月には田渕さんが転勤して新人の反田邦彦君が来て私はラインマスターになったが、営業活動は私一人となった。

日本特産のインスタントラーメンなどの食料品の輸出が急増し、そのタイミングに乗って日本郵船の神戸荷主の実績が急増、毎月7～800トンとなりMOをおびやかし始めた。

MO神戸支店で以前から知り合いの井川末富氏から電話があった。井川氏は京大卒の先輩で、彼の提案は「2社が競争しても無駄なので、秘かに担当荷主を凍結しよう」というものであった。私はMOの提案は逆に言えば、承諾しなければ徹底的に戦うという意味だと解釈し、何とか穏便に収めた。

阪神大震災にも耐えた神戸郵船ビルの今

荷役中の「伊勢丸」(12,550 重量トン)

郵船西軍野球部で早朝練習　中華街でおいしい昼食

神戸支店での仕事は猛烈で、同期に聞いても全員「他者が何をしているかを見る余裕はなかった」と言っている。

特に米国課に配属された鈴木通弘君の場合、毎月担当船は6隻以上、コンテナ化を翌年に控えて課の営業活動も活発であった。その上、特に厳しいことで有名な課長やラインマスターの下では飲みに行く時間もなく仕事、仕事だったと思う。時間外も毎月100時間は越していたと推測され、本当に頑張っていたが、神戸支店は1年で終え本社北米課に異動した。日本最初のコンテナ船「箱根丸」が太平洋に就航、日本海運にとり記念すべき年だった。

1969年、日本のコンテナ輸送をリードしていた日本郵船北米課を中心とするメンバーが『コンテナ輸送のポイント』という解説書を出版したが、その著者の中に鈴木君も名を連ねている。

当時は時間外手当が本給よりはるかに多くなり、仕事が22時頃に終わるようなら、必ず飲みに行っていた。神戸では日本郵船の名刺があれば、初めての店でもつけがきき、飲み代でボーナスが全て消えるという猛者もいた。

そのような中でも結構運動は盛んで、時間外の少ない大阪支店の若手社員中心に、野球、サッカー、ボート等を楽しんでいた。私は休日出勤など多かったが、野球の早朝練習には参加した。

海運リーグがあり、郵船西軍は67年に関西リーグで優勝。関東リーグ優勝チームのジャパンラインと川崎球場で決勝戦を行った。ジャパンラインはその前身の岡田商船がプロ野球選手を多く採用、長年海運リーグの首位を守っていた。

郵船の東軍は一度も勝ったことがなかったが、相手の元プロ野球選手もそろそろ課長級になり、体力的に限界となったのか我が西軍が勝ってしまった。私は補欠で日本郵船の東京に応援依頼の電話などしていたが、平日でもあり試合開始時にはほとんど応援が集まらなかった。中盤をすぎてもリードしていると分ると徐々に応援が増え始め、最後には大応援団になったのも楽しい思い出である。

神戸支店には社員食堂があり、毎月会社支給の2千円の食券はそこでしか使えなかったがすぐ近くに中華街があり、美味しい昼食を食べられたので総務課長の了解をとり、中華料理の「民生」やうなぎの「横丁」でも使えるようにした。

神戸支店では多忙だったが、楽しい2年間を過ごした。

神戸港に停泊する「姫路丸」（10,540 重量トン）

香港での「能登丸」（12,958 重量トン）

陸上組合専従になる　未曾有のスト 収束に苦労

１９６９年6月東京支店カリブ南米課へ転勤した。課長は学習院大卒で児玉源太郎大将の孫の児玉登さんだったが、翌年10月から1年間、日本郵船労働組合（郵船労組）の専従副書記長となった。

日本郵船の組合は、海上社員4千人が加盟し〝日本最強〟と言われた産別組合全日本海員組合（全日海）と陸上社員の郵船労組の2つである。郵船労組は課長以下の全陸上社員および陸勤船員の約１１００人程度で典型的なホワイトカラーユニオンだ。

中央執行委員は1年交代、総員投票により14名が選出され、委員長は56年東大卒の館山侃さんで〝企画のエース〟と言われた課長代理、専従書記長は65年慶応卒の下村純央さんで、父は所得倍増計画を立案した下村治博士だった。

当時の日本郵船は収益力、財務力ともMOとはっきり格差がついてきた時期だが、全日海の賃上げを陸上社員に反映する方法が違ったために課長や40歳以上の課長代理の平均賃金がMOと比べて月6千円以上差があった。

中執は長年の課題に今年こそ片を付けると、機関誌やパンフレットで情宣活動を強化した。71年春の労働協約改訂闘争（給与改訂もその一部）は4月17日の時間外拒否から時間内スト、さらにはピケを伴う部分ストと次第にエスカレートし、郵船労組史上最も激しい闘争となった。

5月6日、会社はようやく「格差を解消する」と明言、中執はストを解除して5月26日協約改訂交渉を妥結した。

郵船史上未曾有の陸上組合闘争だったが、部分ストを実施したために、会社の組合への賃金カット額は意外と少なく1，120万円であった。全員がストに参加した8時間分の500万円は組合員の個人負担、全海連闘争資金プールから130万円を受け取り、組合の闘争資金からの支出は500万円弱だった。

5月28日、妥結提案および賃金カット処分案に対する投票は、協約改訂に必要な賛成数3分の2をわずか6人上回るという結果ではあったが、われわれの団交33回、労使小委員会26回という長い春闘は終わった。

少し戻るが、71年2月、神戸で2代にわたり報徳学園の理事・事務長で、北条珠算学校を開いていた北条猛の長女博子と結婚した。当初結婚は5月と考えていたが突然組合中執になり、5月は無理となった。「先延ばしより繰上げの方が良い」と祖母が言ったので2月に決めた。

しかし、その2月も多忙で新婚旅行の日程もとれず、姫路と神戸で式と披露宴を済ませ、伊豆で2泊ほどして東京へ帰った。このことで私に一言も不満を言わなかった家内には、大変感謝している。

鹿島神宮を参詣する中央執行委員の面々（後列左から３人目）

郵船労組機関紙『水平線縮刷版NO.２』（1970年～1981年）
NO.１（1947年～1969年）は
館山中執情宣部が編集作成

海運のコンテナ化進行　バルクコンテナを開発

１９７１年10月、組合専従を終え東京支店東航コンテナ課に着任、北米コンテナ航路の輸出営業を担当した。

日本のコンテナ化は67年に日本郵船と提携した米国のマトソン社が加州航路を開設して始まったが、運輸省（現在の国土交通省）が指導し、郵船マトソングループには昭和海運が参加し、68年8月に運航を開始した。

他方、商船三井・川崎汽船・山下新日本汽船・ジャパンラインは４社グループを結成、少し遅れて運航を開始した。シャトル・バンクーバー航路、ニューヨーク航路がこれに続いた。

提携の方式は「スペースチャーター」と呼ばれ、各社が同じスペースを販売するために当然競争は熾烈《しれつ》を極めた。

加州航路から70年にマトソン社が撤退。その穴を埋めた日本郵船は6社の中で最大のスペースを持ち、この利点があったので私は大口荷主に対して結構有利に営業活動を進めた。コンテナ化促進のため、荷主にコンテナ化に最適な梱包方法を提案したり、特殊コンテナの開発を行った。

バルクコンテナは輸入のモルトなどのバラ積貨物の輸送の為に開発された。内寸が一般コンテナより小さく、輸出荷主からは利用を敬遠されてそのポジショニングには苦労していた。

日本から大量に輸出されていたプラスチックのレジンは、その袋詰めと開封作業が大変な手間で、バルクコンテナの使用がその手間を省くと考えた。

レジンは他物の混入を極端に嫌うためにコンテナの内部にバルクコンテナライナーの装着が必要だった。それを子会社の氷川商事に日本で初めて製造してもらい、試験輸送のために塩ビの信越化学工業、呉羽化学工業（現クレハ）や

ＡＢＳの日本合成ゴム（現ＪＳＲ）の工場へコンテナ開発チームの赤木修君と出かけた。鹿島の三菱油化（現三菱化学）の工場で協力いただいたのが、四日市倉庫（現日本トランスシティ会長）の小林長久さん（元四日市商工会議所会頭）だった。

この方法で実用新案を取得し、信越化学工業が米国の子会社シンテックへ塩ビを大量に応援出荷した際などは大いに効力を発揮したが、まもなく起こったオイルショックで油が高騰、日本からのレジン輸出は完全に止まりこの方法は国際輸送からは忘れ去られた。

ところが、最近小林さんから「日本トランスシティではこの方法を国内輸送に活用、今や大量のバルクコンテナを保有して収益源になっている」と聞いて驚いた。

日本初のコンテナ船「箱根丸」 太平洋に就航
(1968年)

ニューヨーク航路に「黒部丸」(33,714重量トン)
が就航（ニュージャージー港、1972年)

法務の仕事に就く　業務マニュアル「契約編」を作成

１９７５年６月、企画部審査課に異動した。課長は東大卒の坂田昇さん（後の副社長）。管掌業務は営業関係の法規、保険、カーゴクレームおよびドキュメンテーション統轄で、主として法規関係の担当となった。

当時主要航路のコンテナ化が進み、会社の運航船の50パーセント以上が外国用船になり不定期船部関係の短期用船も多数あったことから、従来の業務マニュアルでは間に合わなくなっていた。そこで、課をあげてマニュアルの改訂作業中だった。

カーゴクレーム処理や保険処理関係（Ｖｏｌ・１）、コンテナ船および在来船の臨港店業務（Ｖｏｌ・２）、ドキュメンテーション関係（Ｖｏｌ・３）の改訂はかなり進んでいた。しかし在来船やコンテナ輸送の契約上の問題や傭船契約（チャーターパーティー）について、営業担当者からの相談が増加していた。昔、サイゴン航路用の短期外国用船の神戸港での受領を突然本社から指示されマニュアルがなくて困った覚えがあった。

マニュアルのＶｏｌ・４「各種契約編」が必要だと考えた。そこでＶｏｌ・４で在来船の運送約款および新しいコンテナ輸送の複合運送約款の解説とともに、審査課で扱った過去の事例や外国の海事関係の書籍を読み、日本海運集会所の定期傭船書式制定の際の資料など調査し、世界の海運界で使用されていた短期用船用「ボルタイム・チャーターパーティー」や長期の定期用船用「ニューヨークプロデュース・チャーターパーティー」の解説を顧問の阿部士郎弁護士とも相談し記載してマニュアルを仕上げた。

審査課では、日本船主協会の法規専門委員会（委員長・谷川久成蹊大教授）や日本貿易関係手続簡易化協会（ＪＡＳＴＰＲＯ）の委員会、日本海運集会所

の売船契約書式改訂会議など定期的に開かれる外部の会議も多かった。第4次中東戦争中にラタキヤ港で被弾し全損となった「山城丸」の共同海損処理も行った。

日本郵船は常時海外で多数の訴訟をかかえていて、現地のUK・P&I（船主責任相互保険組合）の弁護士が処理していたが、その指示も私の仕事だった。

ある日、企画部の野田信副部長から勧められた。

「郵船にいながら司法試験を受けて弁護士にならないか？　協力する」

私は阿部先生が後継者を探しているのだろうと思ったが「大学の時に弁護士にはならないと決めました」とお断りした。このように3年間、久しぶりに学究的生活を送った。

第４次中東戦争で被弾し全損となった
「山城丸」（1973 年）

イランイラク戦争でバスラ港出口封鎖長期滞留
となり全損委付されたコンテナ船「箱崎丸」
（24,245 重量トン、1980 年）

香港に転勤　営業課長に　初めて決算書類と向き合う

１９７８（昭和53）年６月、郵船香港有限公司（ＮＹＫ・ＨＫ）に転勤した。69年に現法化されたＮＹＫ・ＨＫは駐在員５人の他80人の態勢だった。日本郵船の代理店および海外仕組船保有会社の管理で、資本金は５０００万香港ドル（約25億円）であった。

董事長は海軍経理学校出身、東大卒の渡辺義博さんで、私と同日の辞令で香港に着任した。ＮＹＫ・ＨＫは本業の代理店業務の赤字解消および、資本金の有効活用が求められていた。

私は、経理部からは「経理の仕事をやれ」、営業1部からは「香港の営業を立て直せ」、企画部からは「子会社を作れ」と言われた。

着任してすぐ、経理の奥田英二君の仕事を引き継いだ。奥田君が管理する10

数社の中には、既に売船済で残金管理のみの会社もあった。企画部と打合せて残金処理方法を決定、会社を整理した。ブラジルの未利用地の保有会社の土地は処分、インフレ下のレアルでは大幅な利益が出たが香港ドルでは大損だった。

管理会社は半分以下となり、残りは金井修経理課長が引き取って私は営業に回ることとなった。その頃、NYK・HKの営業は田中禎三副総経理の下に営業課、オペレーション課および香港船主グループがあったが、突然営業課長の朱氏が辞職した。優秀だが上海人の朱氏は広東人とは合わなかった。

田中禎三さんとは組合の時、相手方の労務課員で一年間お付き合いした仲であった。私は営業課長となった。

課題のNYK・HK黒字化のためには、営業強化が必要だった。そのため香港中文大学卒などの若者4人を採用、社内は急に活気づいた。半年もあれば何とかなると考え、熱心に指導し戦力に育てた。

積荷が大幅増のため、オペレーションも改善した。計画上の月間寄港数は30隻以上となっていたが、在来船は日本での貨物が増えると簡単に抜港されてしまい、これでは荷主の信頼を失う。そのため、日本では使用不可のスペースも人海戦術で積付可能であることを本社に説明し、全ての定期船を寄港させることとした。神戸支店の経験がここでものを言った。

積荷の増加には中国貨物の増量が最も効率的と考えて、招商局香港（中国国営海運の窓口）と交渉、中国各地からの船積予定貨物を当方の指定倉庫に常時直接搬入を提案して成功した。1年後、香港積貨物は倍増し代理店部門は黒字化した。

インド正月にはインド商社を訪問、必ずウィスキー一杯を勧められるが、何社回っても私が平気な顔をしているのでインド人もびっくりしていた。

香港の海運王Ｙ・Ｋ・パオ氏のクルーザーでランチピクニック（左から２人目）

ロイヤルHKゴルフクラブで、正福汽船の古市莞爾氏（左）と

倉庫会社を設立　初月から利益　英領香港を楽しむ

中国貨物が増加するに従い業者に支払う倉庫料も増え、自社で倉庫を持つべきと考えた。ＮＹＫ・ＨＫは１９７０年に現地資本と合弁で大平郵船貨倉（ＴＹＧ）を設立、６階建ての倉庫を建設した。会社は51パーセントの株主である鄭氏が経営していたが、私が何度も賃借物件の相談に行くうちに「郵船でこの倉庫を使え」と言い出した。

私はＮＹＫ・ＨＫ１００パーセントで新会社の大平貨運（ＴＣＳ）を設立し、ＴＣＳがＴＹＧから倉庫を丸ごと賃借した。ＴＣＳでは下層階で中国貨物を中心とする輸出貨物、上層階はＴＹＧから引き継いだ保管貨物を扱い、フォークリフトなど機材増強の設備投資を行ったが、貨物の増加で最初の月から利益が出た。

トレーラー3台を購入、コンテナ輸送も始めた。クレーン装備の大型艀《はしけ》を用船し、倉庫に接岸して船積までのコンテナの保管も行った。鈴与の鈴木与平社長に頼んで、鈴与倉庫から甲賀倫房君（富士ロジテック専務）を派遣してもらい運営も安定した。TCSはNYK・HKの経営の安定に寄与するようになった。

不動産の値上がりで、当時の香港は住宅不足だった。MOの法務部の知人に香港転勤の話をしたら、たまたま同時期に北条時尚氏（後の副社長）が帰国予定とのことで、ミッドレベルの素晴らしい立地のアパートを引き継いだ。対面の部屋の住人は東レの田中健一氏（後の蝶理社長）で、京大の先輩であり帰国後も家族ぐるみのつきあいとなった。

当時は未だ古い香港が残っていた。私のアパートから200メートル程登った山中に、映画『慕情』のロケに使われた古い病院跡の建物がそのまま放置されていた。ワンチャイの南洋酒店は映画『スージー・ウォンの世界』でロケされた中国式ホテルで、日曜の飲茶は絶品だった。

中国と英国、どちらの行政権もおよばない「九龍城」は2・6ヘクタールの土地にビルが剣山のごとく立ち並び、住居、店舗、工場、医院、歯科医院に、豚、鶏、犬、猫が雑然と入居、税金もなければ免許も不要であった。我が倉庫の人夫頭の王さんはそこの住人で、無税をエンジョイしていた。

文化大革命で本土の有能な料理人は香港に集中し、中華料理は〝世界一〟と言われた。広東料理はもちろん、北京、上海、杭州、潮州、四川、客家、満漢全席あらゆるレストランがあった。仕事は部下に任せるが、超食い道楽の渡辺義博董事長や広東人の同僚と共に過ごした香港であった。

香港で鈴木与平（右端）夫妻と

香港の「ジャンボレストラン」で長男・敬（右）と次男・興

新設の日本貨物航空に出向　菊池会長に誓う

1981年6月、大阪支店アジア・アフリカ課の課長代理として着任した。2年後に課長となったが、84年6月に日本貨物航空（NCA）への出向を命じられた。任務は大阪営業所の開設だった。

NCAは日本郵船、商船三井、川崎汽船、山下新日本汽船の4社が全日本空輸と組んで78年に設立された。その後、ジャパンラインと昭和海運も出資、定期航空運送事業免許を申請した。

日本の航空政策は72年以来、国際定期航空事業は国営の日本航空のみが認められていたため、この体制を崩すものとなる。運輸省や日本航空は猛反対した。日本郵船の菊池庄次郎社長や全日空の若狭得治会長が中心となって複数社体制が必要との世論づくりが根気よく続けられ、ようやく83年になって運輸審議会が聞かれた。その審議会でも委員の意見が真っ二つに分かれ、反対派に稲山嘉寛経団連会長、賛成派に永野重雄日商会頭が回り財界二分と騒がれた。

結果、ＮＣＡには定期航空運送事業免許が下りて長年の日航一社体制が崩れた。私は霞が関ビルのＮＣＡ本社に出向き、堀武夫社長（元運輸次官）以下、役員12名他10名程度にあいさつした。

西村惇取締役（日本郵船取締役）とともに、ＮＣＡ会長で日本郵船の菊池庄次郎会長のもとに着任のあいさつに行った。菊池さんは既に末期のがんだった。「郵船の長年の夢でもあった航空貨物事業への進出をようやく果たすことができた。ＮＣＡの将来のため、最大の努力をしてほしい」

鬼気迫る迫力であった。

東京では、前年10月に各社から出向して開業準備に当っていた各部長に説明を受けた。運航、整備はともかく、営業、運送に関しては誰もほとんど分からず、大阪営業所が何をやるかについても誰も分かっていなかった。営業担当の西村惇取締役営業部長からは「大阪は営業部長の下である」と言われた。

同日辞令の山下新日本汽船出身の関口一朗君と二人で大阪に赴任した。とりあえず日本郵船の大阪支店に1室を借り、そこをベースに梅田の全日空ビルに用意されていた40平方メートルほどの部屋に事務所を設置、7月17日に移った。

菊池会長は8月に逝去されたが、その前日までNCAのことを気にされていた。私はこの菊池さんの遺産は必ず守ると心に誓った。

香港で菊池庄次郎会長夫妻（前列中央）と（後列右から４人目）

北米航空貨物事情の調査（右）

大阪営業所を開設　パンナムに救われる

当時、大阪国際空港（伊丹）には日本航空（ＪＡＬ）および米フライングタイガー（ＦＴ）のＢ７４７Ｆ貨物機が週５日寄港していたが、伊丹には寄港できないＮＣＡの集貨可能性を探る必要があった。

ＮＣＡが全日空の15時台の便を使用して貨物を羽田へ送り、それをトラックで成田へ移送。夜、成田発の便に載せればＪＡＬやＦＴの伊丹17時発成田経由米国行より早く米国に到着することが分かった。

松下電器貿易などの荷主に聞くと「大口貨物は夜搬入されることが多い」と言う、ＮＣＡがトラックで夜中に成田へ運べば結局、米国到着は同日になる。

大阪ナンバーワンの航空貨物取扱業者の近鉄エクスプレスも「ＮＣＡは使える」と断言してくれたので、大阪で本格的な営業体制をつくることにした。

まず伊丹空港に事務所が必要となったが、外国貨物地区には全日空の上屋も事務所もなかった。外国貨物地区は超手狭だったが、幸い代理店棟に40平方メートルほどの空きが出た。申込は多数あったと思うが、大阪国際ターミナルの新堂秀治課長（後の社長）の計らいで借りることができた。新生ＮＣＡへの配慮だと思い、有り難かった。

貨物を受領する保税上屋も必要だった。貨物輸出上屋はＪＡＬが独占して借用していて、その一部をノースウエスト航空（現在のデルタ航空：ＮＷＡ）、キャセイパシフィック航空、パンナム（パンアメリカン航空）に又貸ししていた。私は北米では競合しないキャセイの上屋でＮＣＡ貨物の取り扱いを交渉したが、キャセイには「ＪＡＬの同意が得られない」と言って断られた。

Ｂ７２７のみをソウルと成田との間に運航していたパンナム大阪貨物部長の大田好彦氏がＪＡＬの反対を押し切って応じてくれた。当時は日米の非関税障壁問題や空港問題もあがっていたので、ＪＡＬもアメリカの航空会社には文句が付けられなかったと思う。

全日空は羽田にジャンボを飛ばしていた。外貨パレットの保税輸送の経験はなかったが、昼間便の貨物は皆無に近くＮＣＡ貨物は大歓迎され、成田までのトラックも含め格安で契約できた。

人員は84年12月に全日空から国内貨物営業のベテラン横山影一君、それに加えＦＴのニューヨークから応募して来た下野雄二君、キャセイの大阪から優秀な運送要員２人を採用、女性を加え合計７人がそろった。

事務所に必要なシステムや機材の設置を終え、ようやく就航直前の85年３月末に大阪営業所のスタートができた。

全日空の羽田・伊丹間を運航する旅客機「B747
—100SR」

パンナムの貨物上屋

免許問題が暗礁に　ついに初便就航

ＮＣＡは１９８５年４月の運航開始を目指し取り組んでいた。84年12月、85年１月にＢ７４７Ｆ－２００Ｆの１、２号機を受領し、運航・整備は全日空が来るべき自社の国際化への備えもあり、最優秀な乗員や整備スタッフを派遣して準備万端だった。営業は西村部長以下６社からの出向者を中心に、ＦＴからの経験者も採用、体制は整った。

北米はＭＯの渋谷義行取締役支配人の下、日本郵船ニューヨークから横滑りした間宮忠敏課長（後の日本郵船副社長）らが、サンフランシスコとニューヨークに支店を開設し、運送は江上貞利取締役部長以下、全日空からの出向者で固めた。国際輸送には経験がなく、苦労したものの成田やニューヨーク、サンフランシスコには外航からの経験者を多く採用し、何とか形がついた。

ところが思わぬ落とし穴があった。

日本の免許問題が決着したので、83年11月に日本政府は日米航空協定に基づき、ＮＣＡを指定企業にする旨を米政府に通告した。当時、米側指定企業は6社、日本側はＪＡＬ1社で、複数企業指定が可能な協定の枠内で許可は当然と考えられたが、折からの日米貿易摩擦や米企業、特にＦＴの反対でＮＣＡの免許問題は暗礁に乗り上げた。

84年9月および12月に公式、非公式の交渉が行われたが進展せず、「アメリカのゴリ押しを許すな」という日本の世論を背景に政府はＮＣＡ乗り入れが認められない場合、「ＦＴの便数制限など米側に報復措置をとる方針を固め、ニューヨークタイムズなど米紙がこの事を報じた。

2月下旬の航空交渉で、ＮＣＡの4月乗り入れや86年4月からの全日空乗り入れが決まったが、再度3月中旬になり米側はフェデラルエクスプレスの日本乗り入れ問題を持ち出した。3月28日には日本側はやむを得ずこれを認めたが、妥結は4月30日となった。NCAは4月1日の運航開始を断念した。

連休明けの5月8日、NCAの初便が50トンの荷を積んで、ついに成田からサンフランシスコ、ニューヨークに向けて飛び立った。

初便の祝典には山下徳夫運輸大臣、長谷川峻元運輸大臣ら多数が参加、華々しく行われた。NCA設立に全力をささげた菊池元会長の奥様も遺影と共に参加された。

私もその日伊丹の上屋で空港長や税関長の参加を得てテープカットを行い、全日空便で初荷7枚のパレット（約15トン）貨物と共に成田へ行き、夜空に飛び立つNCAのB747Fを万感の思いで見送った。

ＮＣＡのサンフランシスコ、ニューヨーク線が就航（1985 年 5 月）

ＮＣＡ７４７―２００Ｆのノーズオープン荷役

大阪での集貨順調に進む　日航の要求を拒否

難産の末にＮＣＡはＢ７４７―２００Ｆ２機、従業員２８４人、資本金32億円、株主73人でスタートした。

東京の営業は立ち上がりが遅れ集貨に苦労したが、大阪営業所は滑り出し順調だった。ＮＣＡが使用していた上屋はパンナムの貨物がほとんどなく、顧客に細やかなサービスが提供できた。

ＪＡＬの脅しもあったと思うが、ＪＡＬ、ＦＴの専横を嫌っていた近鉄エクスプレスの佐々木勝取締役国内営業部長が初便から混載のＮＣＡ積に踏み切ってくれた。

ＮＣＡの輸送は順調で、ナンバー2の日本通運もＮＣＡ積を開始した。ＪＡＬの意向を気にしていた中小の業者も、トラック積大口貨物が出た時はＮＣＡ

積を始めるようになった。就航後3カ月間は大阪貨が東京貨を上回ることがしばしばあった。

大阪の実績が確実に増加してきたため、JALの本社が言ってきた。

「オフライン（伊丹不寄港）にも関わらず、実績を増やしているのは安売りのせいだ。過当競争にならぬよう積取制限（シーリング）を設けるべき。運輸当局も同意見である」

航空運賃は認可制であったが、私は運賃面の工夫は必ずしも違法でないと確信していた。本社を通じて当局にも確認したが「そんな話はない」と分かった。東京からJAL、FT、NWA、NCAの部長が集まり、大阪で会議が開かれた。私は「シーリングは不当」と主張、NWAが同調してこの話は流れた。

85年10月、NCAは3機目を受領して北米3便の増便を要求した。日米航空交渉が始まったが難航し、米側の新たな要求をのんでの妥結となった。

日米間の権益は本来対等のはずだが、ＪＡＬ1社体制が長く続いたため企業数の多い米側の権益のみが増大していた。不平等是正は正論だったが、日本側の当然の要求も米側からは一方的現状変更は認められないと反撃を食らい、交渉は常に難航する事態に陥っていた。

しかしＮＣＡ誕生を機に、日本側にも本格的な航空交渉の必要性が出てきた。ＮＣＡでは寺井久美副社長（元海上保安庁長官）の下、日本郵船の山脇康君（後の副社長）が国際業務課長として担当した。運輸省国際航空課と協力してＪＡＬの妨害を排除しつつ数々の航空交渉に当り、86年8月香港、10月シンガポールへのＮＣＡ乗入れが決定した。いよいよ、次の目標がヨーロッパとなった。

「B747—200F」への貨物積み込み

NCA東京、大阪、名古屋の営業責任者と（1985年、左）

アムステルダム乗入決定　フランクフルトに営業所

１９８６年秋、いよいよ欧州乗り入れの検討が始まった。候補地は、貨物の多い順にフランクフルト、ロンドン、パリ、アムステルダムだ。

まず日本からの貨物量が最も多いフランクフルトに目標を定めたが、ＪＡＬと貨物便の共同運航をしていたルフトハンザドイツ航空が猛反対したため、乗り入れは不可となった。ＪＡＬは英国航空やエールフランス航空ともロンドン、パリで共同運航しており英、仏との交渉も難しかった。

アムステルダムのスキポール空港は滑走路５本、欧州物流の中心であるロッテルダムが至近で北ドイツにも近く、ポテンシャルがあると考えた。

ＫＬＭオランダ航空は日本線の増便を考えていたので、87年7月の日蘭航空交渉で新たにＮＣＡ貨物便乗り入れとＫＬＭ旅客便増便が決まり、私はアムステルダム支店長として欧州線開設準備の欧州側責任者となった。KLMから貨物便共同運航の申し出があったので、商務協定の交渉と欧州事情調査のために日本と欧州の往復が始まった。KLMのただ切符を利用するため、ニューヨーク経由でアムステルダムへ20時間ほどかけていくことも多かった。

欧州発はやはりフランクフルトが筆頭であり、アムステルダム支店の下にフランクフルト営業所を設け、ドイツやスイスをカバーすることに決めた。10月にはほとんど日本に帰れなくなり、欧州でホテル暮らしになった。

トーマツ青木会計事務所に相談したところ「ドイツ支店開設は至難。現地法人の方が簡単だ」と言われたが、ボンの独運輸省で確認し、寄港しない航空会社も支店開設ができると分かり、大阪営業所と同様の体制をつくることにした。

貨物はトラックでアムステルダムへ送るため家賃の高い空港に施設を構える必要はなく、フランクフルト空港隣接のケルスターバッハに事務所と上屋を契約した。すぐ近くにカーゴラックス航空が拠点を構え、貨物をルクセンブルグへ送っていた。

スタッフの採用では北米の人材会社と契約。ニューヨーク支店のマット・プルッチ副支店長、本社の壱岐公人人事課長、人材会社のアイバン・クック氏の4人で50人ほどを面接し、核となる2人を採用した。あとは、その2人のつてで6人を採用した。

事務所の契約、雇用契約、営業所開設の登記や必要手続は、知人から紹介してもらったボン大学日本文化研究課程のヨアヒム・ヘスラー君に手伝ってもらった。その後、彼はそのままNCAに居着いてしまった。

11月には日本から営業所所長としてMOの北裏卓二君が赴任、12月に営業所は立ち上がった。

ＮＣＡ専用のアムステルダム―フランクフルト間を走る往復トラック

フランクフルト営業所長の北裏卓二氏（右）と

アムステルダム支店開設　事務所の人員確保にほん走

１９８７年秋、ＫＬＭとの共同運航の商務協定交渉が始まった。共同運航は初めてだったが交渉は順調に進み、翌年２月には協定を締結して運輸省の認可を得た。

ＮＣＡが週２便の貨物機、ＫＬＭが週２便のコンビ機（後方を貨物スペースとした旅客機）のスペースを提供し、両社はそれぞれの使用可能スペースに対して集貨活動を行い運航コストはスペースに応じて負担する。当然、ＮＣＡの提供スペースが上回るため販売コストでもめるかと思ったが、思いもがけず当方オファーをすんなり受諾してくれた。

スキポール空港での航空機のハンドリング、上屋作業やスキポール空港から欧州各地への航空機およびトラックでの貨物輸送等の契約も締結した。私は協定交渉に同席する一方で、アムステルダム支店の設立準備に追われていた。アムステルダム支店は将来の欧州展開の拠点とするため、航空会社に必要な大部分の機能を備えるため330平方メートル程度は必要だった。

しかし、巨大な空港ではあったが、9階建ての貨物ビルには階をまたいで四つの小部屋しか空いていなかった。空港会社の賃貸担当の女性課長と何度も会い、テナント3社の入居場所の移転を図ってもらった。ビルの他の部屋に移転させられた会社に移転費用を支払ったが、半年ほどかけてやっと1カ所に集約できた。

彼女の弟をNCAで採用したためにゆ着と陰口をたたかれたが、本当のところは、空港会社のカレルJ・ノーツァイ社長やオランダの運輸省がバックアップしてくれた結果だと思う。

航空会社に強い北米の人材会社のアレンジで100人ほどを面接したが、経験者は少なく採用できたのは5人だった。総務・営業・運送は現地人のマネージャーを採用したいと考えていたが果たせず、本社と交渉して日本から課長5人を派遣してもらった。

残りはKLMの紹介や求人広告、コネで採用を進め、必要人員が揃ったのは就航直前だった。その中には、後にNCAの核になってくれるライデン大学出の新人2人もいた。

支店開設や運航に必要なオランダの手続きや許可、日本の運輸省の施設検査などを終え、総勢26人のアムステルダム支店がスタートしたのは88年の6月初めであった。

ＫＬＭの人達と（前列左から２番目）

ハーグのオランダ日本大使館前で（中央）

欧州初便　ＫＬＭと共同運航　スタッフ採用で苦労

１９８８年6月7日、４号機を受領していたＮＣＡの欧州線初便がついに就航した。

初便のテープカットにはオランダ側はＫＬＭのピーター・バウ社長とロバート・スクロウアー航空局長、日本側はＮＣＡの堀武夫社長と大鷹正駐オランダ大使の４人にしたいとＫＬＭに相談した。しかし、ＫＬＭは社長と格下の航空局長が並ぶことに反対、結局テープカットは社長２人となったが、続いてのレセプションでは局長と大使にもあいさつをいただいた。

協定交渉の相手方、貨物部長のジャック・マイマ氏や国際業務部長のシモン・ファンダイク氏以下の多くのスタッフとはすっかり親しくなり、支店立ち上げにもずいぶん協力してもらった。

初便直後、ファンダイク氏が、ＫＬＭ元社長で〝中興の祖〟とも言われるオランダ財界の重鎮でもあったセルジオ・オランディーニ氏の娘を「ＮＣＡでしばらく預かってほしい」と電話してきた。

娘の名前はシンディ。ロンドンの4年制ビジネススクールを卒業したばかりで、すぐに採用しマーケティング課に配属した。ある日、私がオランダの週刊誌にシンディやウィレム＝アレクサンダー皇太子（現在の国王）の写真を見つけ、シンディに尋ねた。

「皇太子が新しいガールフレンドと自分が主催のホームパーティーで知り合った」

ちなみに、このガールフレンドは現王妃とは別人のようである。

シンディは3年ほどいてＫＬＭに移った。彼女がＮＣＡにいたことはＫＬＭとの間に良い関係を生み出し、業務上関係の深い整備・運航・運送・営業のスタッフは大いに助かったと思う。

しかし、一度に多くのスタッフを採用したつけが出て多くの退職者を出してしまった。まず、営業課長として採用した航空会社出身のハンク・ライクス氏は能力はあったが、上役のジェフ・デビット氏と合わないと言い辞職した。後に、ＩＡＴＡ（国際航空運送協会）のアムステルダム事務所に就職し、その後もＮＣＡにはさまざまな助言をしてくれた。

副支店長として採用したオランダの大手運送会社の要職にあったデビット氏は、プレゼンテーション能力に優れていたが知識は浅く、役職をかさに派閥をつくろうとする意図が見られた。外部の評判も悪かったので、弁護士と相談して半年程で辞めてもらった。若い人達もさまざまな理由で10人ほどが去っていった。副支店長職は廃止し、就航した後は良い人材が集まり始めて1年くらいで支店は落ち着いた。

欧州初便のテープカットをするピーター・バウＫＬＭ社長（左）と堀武夫ＮＣＡ社長（スキポール空港で）

アムステルダム支店のメンバー（前列右はＫＬＭ元社長オランディーニ氏の娘シンディ）

欧州発の集貨は順調に　欧州業界に知人増える

欧州線就航以来、欧州発の集貨は順調だった。フランクフルト営業所ががんばり、貨物を大量にアムステルダムに送って来た。オランダからは切り花や野菜の他、大阪の伊藤忠の筋でミラノから大量のファッションブランド品の誘致にも成功した。

1年以上欧州発が日本発を上回る状態が続いたが日本からの貨物も徐々に増加、KLMへのスペース売却も寄与してアムステルダム線はすぐ黒字化した。

KLMの業績も好調でNCAとの関係も良好だった。KLMは貨物機は保有しないが、B747—400貨客兼用のコンビ機を多数保有していた。スキポール空港を貨物ハブとし、シンガポール航空やNWAとも提携関係にあった。貨物担当役員のジャック・アンシェル氏は業界の有名人で、欧州や世界で行われる航空貨物関係のシンポジウムに私も招待され夕食会などにも出席、業界の知人も増えていった。

就航から1年、オペレーションも安定してきたので欧州第2の乗り入れ地点の調査を始めた。当時、共産国だった東ドイツ（現在のドイツ）やポーランドの航空会社も訪ねた。

その頃、鈴与の鈴木与平社長にロンドンのヒルトンホテルで会った。彼は「静岡理工科大学の設立準備で、欧州に先生を捜しに来た」と言う。夕食を共にし、私は翌日荒野のテント張りで行われたTMUK（トヨタ・モーター・マニュファクチャリング・UK）のダービー工場起工式に参列した。そこでお会いしたのが平野幸久社長（後の中部国際空港社長）である。

少し後の話であるが、このダービー工場へは日通から建設資材輸送の話が持ち込まれた。私は貨物をNCA機でアムステルダムへ運び、そこからイーストミッドランド空港へ、英国の貨物航空会社エアブリッジキャリアー（ABC）のビッカース社製4発プロペラ貨物機「マーチャントマン」を使って運ぶ方法を提案した。

ABCは主としてダブリンからの馬をアムステルダムへ輸送していた会社で、NCA積の馬もたびたび運んでいた。馬の帰り便を使うことで運賃も安くでき、2年間ほどトヨタダービー工場建設資材や川崎重工が輸出しているロールスロイス社のエンジン向け資材等を運んだ。

私事になるが89年夏、妻と東大寺学園高校1年の長男・敬、甲陽学院中学校2年の次男・興がオランダに来た。鉄道研究部の興が1週間の欧州鉄道の旅を企画した。全て彼のアレンジだったが全く問題はなかった。これが私の唯一の家族水入らずの海外旅行となった。

ＡＢＣのビッカース社製「マーチャントマン」(手前）とＮＣＡ機（スキポール空港で）

イーストミッドランドＡＢＣスタッフと（ＡＢＣ本社前で、右から２番目）

火山の噴火にヒヤリ　外国人乗員を積極的に採用

１９８９年12月15日、アラスカのリダウト火山が噴火した。ＫＬＭの成田行きＢ７４７―４００が飛行中に火山灰を吸い込み、四つのエンジンすべてが止まった。１万４千フィートほど落下したが、幸いにも再度エンジンが起動し無事アンカレジに着陸した。

年末最後のアムステルダム出発直前にも再度リダウト火山の大噴火があり、出発が危ぶまれた。その時の機長は米トランスワールド航空（ＴＷＡ）の派遣乗員で、朝鮮戦争にも参加したというベテランだった。アリューシャンやカナダの飛行場は全て着陸経験があり、「何とかする」と離陸してくれた。日本人機長ならアムステルダムで年越しになったと思う。貨物を年内に届けるという荷主への責任も履行でき、本当にありがたかった。

88年まではＮＣＡの乗員は全て全日空からの転籍だったが、全日空は国際線進出で乗員不足になった。そこでＮＣＡは外国人乗員を導入することにした。ＴＷＡはパンナムと並ぶ名門会社だったが次第に経営不振となり、88年にＮＣＡと乗員の派遣契約を結んだ。

日本では戦後、ＪＡＬの国際線開始時に大量のアメリカ人乗員の導入を行ったが、その時は緊急措置が取られた。その後、運輸省は外国人乗員導入方法を定めたが、本格的な導入は88年のＮＣＡが最初となった。

日本の規則では、一流のＴＷＡ乗員でさえ日本の免許を取得することとなっており、運輸省と郵政省が一部の試験を形式的な受験で済ますなど工夫してくれた。

郵政省も戦前の電波法にしばられ対応に苦慮したが、モールス信号など時代遅れの試験は何とか形式的受験で済ますなど工夫してくれた。

ＮＣＡは36人の派遣乗員を6カ月ほどかけて訓練した。7億円の費用をかけたが、これで乗員問題は解決して後の日本の新規航空会社の外国人乗員導入の嚆矢《こうし》となった。外国人乗員の存在が日本人乗員への良い刺激となったようだ。長期的には、ＮＣＡにより合理的な運航をもたらしたと思う。

94年からは、派遣元をアイルランドに本社を構える操縦士派遣会社のパークアビエーションに変更した。その後も常時外国人乗員を導入し、今でもＮＣＡの主流は外国人乗員である。

後日談だが、ＮＣＡ社長時代の２００４年、アイルランドのミホール・マーテル産業通商雇用大臣が来日した。アイルランドの貿易振興への貢献度の高い企業としてＮＴＴ、三菱マテリアルとともに政府表彰された。

ＮＣＡと乗員派遣元パークアビエーション社の首脳たち（左から３人目）

日本郵船帰任を断る　ＮＣＡに骨を埋める覚悟で

１９９０年６月、創業５年目のＮＣＡは週15便（北米９、欧州２、アジア４便）で、年間売上約４００億円、従業員約６００人となった。

秋の５号機受領も決まっていたが、路線の拡大や支店、営業所、運送施設の展開に追われる一方、本社は同額出資の主要株主５社から派遣された各部長（役員）が担当部署の職域を守ろうとするあまり社内の連絡も悪く、現場や支店のがんばりで何とかやってこれたという感じだった。

大阪やアムステルダムの支店当時から、日本郵船出身の西村惇専務営業部長にたびたび「本社の営業統括機能の強化および全日空が担当していた運送部門との連携強化」を進言していた。

西村さんは「それならお前がやれ」と営業本部制に改組した。その下で営業

1部が東京のセールス、営業2部が営業統括、路線ダイヤ関係や他の航空会社との業務提携などを行うことになった。

営業1部長には創業以来東京の営業にいた商船三井出身で、41年京大卒の宮本弘正氏が、営業2部長には私が就任した。着任してすぐ路線収支の算出、各種営業統計数字の作成方式を企画や経理と相談した。全日空でも便ごとの収支は出していなかったので、郵船の方式を参考にして決定した。

現場では税関、航空会社、フォワーダー（貨物利用運送事業者）や代理店とのシステム接続の必要が生じ、従来の予約運送システムの全面的な変更が必要となった。運送部とも協議を重ねて新たにユニシスのソフトを採用し、全日空との共同開発に持ち込んで93年には供用を開始した。

創業時より問題の多かった北米の未収問題などの収入管理の改善等も行い、秋の5号機導入をひかえて欧州方面路線の増強の検討も開始した。

帰国してすぐ、NYK・HKで上司だった人事担当の田中禎三取締役に呼ばれた。

「NCAも長くなって来たので、そろそろ郵船に帰ったらどうか？」

「NCAの立上げはまだこれから。航空事業は海運事業とは異なる面も多く、出向者が入れ代っていたら会社はやってゆけない。私の後任を郵船で出すことは難しいだろうし、主要5社の中で郵船が主導権を保つためにも、このままNCAに留まらせてほしい」

私はこう言って、何とか納得してもらった。

田中さんはその後常務となられたが、郵船からの出向者人事について大変親身に相談に乗っていただいた。

創業時から営業を統括した日本郵船出身の西村惇専務営業本部長（右）と

後年、日本郵船の田中禎三常務（右）と

権益争いに巻き込まれ　ＫＬＭと共同で名古屋便を開設

１９９０年11月に５号機を受領。アムステルダム線の増便をＫＬＭに提案し、翌年４月から３便目の就航が決まった。日本側は１便増便したが、オランダ側の成田枠はＫＬＭが旅客便で全て使い切っていたため増便できなかった。

しかし、この輸送枠に目を付けたオランダのマーティンエアー（ＭＡ）が名古屋空港（小牧）への乗入れを狙っていた。ＭＡは創業者マーティン・シュローダー氏が社長、船会社のネドロイドが大株主だった。オランダでは政治力があり、すでに香港まではＢ７４７貨物機を運航していた。ＫＬＭはＭＡの日本進出を阻止するため「ＭＡの貨物機をウェットリースして名古屋空港に乗入れたい」とＮＣＡに協力を要請して来た。

私は「名古屋空港の滑走路が２７４０メートルしかなく、赤字が予想されるため賛成できない」と回答した。しかし、ＭＡから共同運航の話がＪＡＬに持ち込まれては困ると考えた。また、成田線3便のスペース提供でＫＬＭから得ている利益を考えると、ここはＫＬＭと協力してＭＡの日本参入を措止するのが得策と考えて社内を説得し、ＫＬＭの申し入れをのんで10月の就航を決めた。名古屋空港には上屋スペースが不足しており、ＫＬＭと共同で国道41号線沿いのツノダ自転車（現ツノダ）の倉庫を借用した。保税にして輸出貨物の取り扱いをし、輸入貨物は空港内上屋で扱うこととした。

91年10月11日初便が就航、空港で関係者のテープカットや名古屋観光ホテルや浜松グランドホテルでパーティーを行った。

少し遅れて12月11日、アムステルダムではシンディのつてでコンサートホール「コンセルトヘボウ」の小ホールを借り切り、アムステルダムで活躍していた名古屋出身のピアニスト田中利恵さんのリサイタルを行った。関係者を招待し、大好評を得た。

名古屋―アムステルダム便はＮＣＡにとっても初めての名古屋進出だったが、当初の予想どおり、輸出はソニーや自動車関連を中心に集まったが輸入が集まらず、成田向けや大阪向けを集貨しても赤字続きとなった。

両社での協議の末、93年7月にやむを得ず休止したが、ＮＣＡの赤字は累積で9億円に上った。ＫＬＭは貨物便をやめた後、新千歳空港経由の旅客便に切り変えた。

大好評だった田中利恵さんのコンサートのポスター

当時の名古屋空港（小牧）の輸入共同上屋

イタリア乗り入れへ　日欧初の三角運航が実現

ＮＣＡは日米航空交渉に備えてワシントン事務所を開設し、１９９１年までに行われた数回の公式・非公式の航空交渉で新たにシカゴとロスへの乗り入れが認められ、便数も週11便に増加した。アジアでも香港、シンガポール、バンコク、ソウルと順調に路線を増加し、91年には6号機も受領した。

しかし、成田の発着枠により欧州各国に自由に配分できない状況が、ＮＣＡ単独での欧州展開を妨げていた。北米とは異なり欧州各国と日本は乗り入れ便数のバランスをとっており、ＮＣＡが増便したくても、先方企業に増便要求がないか成田枠が確保できない場合は航空交渉が成立しない。

ＮＣＡが新規地点を目指して運輸省に航空交渉を要求するには、相手国企業と共同運航などでＮＣＡスペースを提供し、実質的にその企業も2間トレードに参加することで、その企業から相手国政府に交渉を働きかける必要があった。

オランダが成功したので、次はＪＡＬとの関係も薄く貨物機の運航のないミラノを第2乗り入れ地点と定めた。当時イタリアは日本向け貨物は多く、逆に日本出し貨物は少なかった欧州で唯一の日本への入超国だった。

往航はアムステルダムに寄港し、成田―アムステルダム―ミラノの三角運航を行えば往復ともに貨物がつき、実質的にアムステルダムの増便も叶う。ＫＬＭとアリタリア航空の関係も良かったので、何とか交渉をまとめるつもりだった。

91年9月、ローマのアリタリア本社に貨物部長カルロ・モレーリ氏を訪問して提携を提案した。10月に国際業務の小沢幸夫課長（後の日本郵船副社長）らと共に再度ローマに行き、両社で協議した。この時は具体的な進展はなかったが、12月にモレーリ氏と国際業務のトップをつとめるウゴ・マッツァ氏が来訪し、NCA機を利用した共同運航を進めることで合意した。

92年6月の日伊航空交渉は、日本側のみの権益増でしかも三角運航、かつ商務協定も未締結だったがすんなりと決まり、93年1月にミラノ線を開始した。イタリア政府代表がアリタリアの国際業務部長のアントニーノ・アモーレ氏の奥方と分かり、納得した。

後で分かったことだが、同時期にJALからもアリタリアに話があったが、モレーリ部長やアリタリアの日本支社がNCAを推したという。半年ほど経ち、日蘭航空交渉を行いミラノ便のアムステルダム寄港が認められた。日欧間では初の三角運行によるアムステルダムの増便とミラノ線の採算がこれで確保された。

アリタリアとＮＣＡの共同運航で成田―ミラノ線就航（1993 年 1 月）

ミラノ・マルペンサ空港で初便の到着を待つ（右端）

台湾代理店は維持　台北・ソウルでNWAとスペース交換

ＮＣＡには台湾代理店問題が残っていた。

日本側が中国側に伊丹や成田に十分な発着枠を与えることが出来ず、中国は北京や上海の乗り入れを厳しく制限しており、しかも新規乗り入れ企業には台湾への同時乗り入れは認めない方針だった。ＮＣＡは中国を優先するため台湾乗り入れは見送っていたが、日台間や台米間の荷動きは無視できなかった。ＪＡＬも子会社の日本アジア航空を通じて日台間へ参入していた。

ＮＣＡ台北代理店の三陽航空は、台北発北米向の貨物をＮＷＡ、キャセイ、中華航空と契約して成田経由で運んでいたが、スペースが取れず苦労していた。

代理店維持のためにも台北発のスペース確保は急務と考え、太平洋やアジアに貨物機を手広く運航していたＮＷＡのアジアの責任者トニー・ワーナー氏に接触し、彼らが採算の悪いソウル線をやめたがっていることを知った。

ＮＣＡのソウル線も貨物がなかったので、ＮＷＡがソウル線を休止してＮＣＡがソウル線のスペースを提供した。ＮＷＡの台北線のスペースと交換を提案し合意した。１９９３年３月、両社のスペース交換を実施し、ＮＣＡは日台間の安定スペースを確保した。そしてさらなる台北スペース確保のため、米ユナイテッドパーセルサービス（ＵＰＳ）に話を持ち掛けた。

先発の米フェデックス（ＦＤＸ）に対抗して日本線新規参入を狙っていたＵＰＳは、ＮＣＡと利害が一致していた。89年の日米交渉でＮＣＡのシカゴ、ロス乗り入れと交換する形でＵＰＳの日本乗り入れが認められた。ＵＰＳは91年に日本乗り入れを開始し、その後、台北まで延航した。

94年初め、ＵＰＳアジア代表のチャールス・アダムス氏と話し、台北からロス向けのＵＰＳスペースを購入して、ＮＣＡの台北貨物を運んだ。

三陽航空の呉紹東会長は早稲田大卒で、日本には竹下登元首相や小倉昌男ヤマト運輸元会長など多くの知己があった。大変な親日家で、NCAの堀社長の知り合いでもあった。息子のヘンリー君は、NCAロス支店で1年ほど修行し、台北で代理店を担当していた。

呉会長は私より15歳以上先輩だったが大変な酒豪で、来日時には必ずわれわれを招待して大宴会を開いてくれた。三陽航空は赤字が続いていたと思われるが、「代理店部門の赤字」について私には一切話さなかった。呉会長の好意やヘンリー君の努力に応えるため、台湾代理店の維持策が必要だった。

大の親日家で空手の名手、三陽航空会長の呉紹東夫妻（右）と筆者夫妻

ＮＷＡアジア貨物責任者のトニー・ワーナー氏

バブル崩壊 大幅赤字に 商船三井・川汽 NCAから離脱

NCAは、1991年度まで順調に路線を拡大した。貨物機も倍増の6機、輸送トンキロは222パーセント、収入も219パーセントの464億円で、収支も3年目には単年度で黒字となり、創業時の累損もほとんど解消するところまで来ていた。

しかし、91年にいわゆる〝バブル崩壊〟が起こり世界同時不況に入った。世界的に航空貨物が減少し、運賃単価の低下と円高により外貨収入の目減りや6号機導入による固定費の増加もあり、92年度は79億円という大幅赤字を出した。

93年に入り、前年一ドル=120円程度だった円は100円まで跳ね上がり、輸送量は12パーセント伸びたが収入は8パーセント減の406億円となり、49億円の赤字となった。

92年度には創業以来社長を務めた堀武夫氏が仲田豊一郎副社長（元運輸省海運局長）と交代し、全社で収支改善プロジェクトに取り組んだ。管理費の10パーセント削減は当然とし、マンハッタンの北米統括事務所をジョン・F・ケネディ国際空港のニューヨーク支店に統合し、北米の駐在員削減や現地雇用社員の希望退職を行った。

欧州ではパリ営業所の廃止や搭乗整備を実施。外国人乗員の派遣元をトランスワールド航空からパーク社に変更し、抵抗するKLMと交渉して名古屋・アムステルダム線の休止などを実施した。これで10パーセントのコスト削減を実現し、94年度は収支トントン、95年度は44億円の黒字に転じた。

93年には7号機導入のため、144億円から216億円に増資した。営業担当の私は日通をはじめ株主フォワーダーと交渉して、増資に応じてもらった。

主要株主中、経営不振の山下新日本とジャパンラインは合併してナビックスラインとなっており昭和海運と共に増資には応じなかったが、全日空、日本郵船、商船三井、川崎汽船は応じてくれた。

しかし、94年に入って92年度、93年度のＮＣＡの赤字やいっこうに減らない累損を考慮したのか、商船三井と川崎汽船がさらなる増資および債務保証には応じられないと日本郵船と全日空に申し入れ、95年6月には2社が役員および出向者全員を引き揚げた。私はその穴埋めに苦労したが、かえって人事はすっきりした。

その結果、95年6月からのＮＣＡの常勤役員は運輸省2人、全日空4人、日本郵船4人、プラス別枠として運航、整備の全日空2人となった。私はこの時、全日空の武井英明企画部長と共に取締役に就任した。創業時の5社体制から2社体制になった。

ミラノ線就航記念パーティーでアリタリア航空からの記念品を受け取る仲田豊一郎社長（右）

ＵＰＳと提携　成田発着枠増やす　人材交流活発に

ＮＣＡのような後発貨物会社は多方面の航空会社と提携し、ネットワークを補完する必要があると確信していた。そのため宅配便の元祖で、世界最大の運輸会社のＵＰＳとの交渉を進めた。

１９９８年の日米交渉で、ＮＣＡは待望のインカンベント（先発企業）の権利を得て北米への地点や便数の制限がなくなり、同時に便数は増加した。ＵＰＳと成田および関西空港から北米の４地点へのコードシェアを始めた。北米や台北のネットワークが補完された。

当初ＵＰＳは成田の発着枠が不足したが、先発のＦＴを買収したＦＤＸが成田に保有していた多数の発着枠の一部をＵＰＳに売却したため、ＵＰＳは必要な発着枠を確保することができた。２００２年には成田で２１８０メートルの

2本目の滑走路（Bラン）が供用開始した。UPSは日本線を全て中型の767Fに切り換え、Bランを使用したため、空いたAラン（3500メートル）の発着枠をコードシェアでNCAが使用して、シカゴ向けスペースをUPSに提供した。これでNCAは不足していたAランの発着枠が増加した。この頃、NCAは外国人乗員の訓練にUPSのルイビル訓練施設も使用した。

UPSアジア代表のアダムス氏はUPSエアライントップのマーティン・ハンス氏と共に、朝鮮戦争時代は佐世保に駐留していた海浜隊将校で、奥さんは日本人だった。私はUPSがスポンサーをしていた98年の長野五輪や2000年のシドニー五輪に夫婦で招待され、アダムス夫妻やハンス夫妻、UPSの幹部たちと大変親しくなった。

98年にはNCAで取締役企画部長をしていた全日空出身の武井英明氏がUPSエアライン日本支社長として転出し、2000年までNCAで国際業務課長をしていた有竹英徳君は、01年にＵＰＳのフィリピンクラークのアジアハブの責任者として転職した。

02年にはＮＣＡはＵＰＳと人材交流を行い、ＮＣＡから遠山裕子さんが１年間ＵＰＳシンガポールへ行き、ＵＰＳシンガポールからは中国人女性がＮＣＡ東京へ来た。

02年に米国で伝統ある通関業者フリッツ社がＵＰＳに買収された。鈴与は91年より日本でフリッツ社と組んでスズヨフリッツを設立していた。

アダムス氏から「鈴与はＵＰＳと組むに足る会社か」という問い合わせがきた。私は「鈴与は２００年の歴史がある堅実な会社で、特に東海地区においては大きな力があり、全く問題がない」と答えた。02年、ＵＰＳはヤマト運輸との合弁を解消、鈴与と合弁会社を設立した。

ＵＰＳ・ＮＣＡコードシェア共同記者会見（1998年、後列中央）

ＵＰＳアジア代表のアダムス氏（右）と長野五輪で

中国国際航空と提携　会議の後は大宴会

営業第2部長として着任するまでにＮＣＡはすでにアジア4路線を開設していた。中国乗り入れを最優先したが日中間の交渉が進まず、１９９４年のクアラルンプール、96年のマニラが先になってしまった。

クアラルンプールは近辺の貨物で充分だったが、マニラは日本企業が進出しているセブの貨物も必要と考え、フィリピン航空にセブ・マニラ間の輸送を依頼した。しかし断られ、ＹＳ11貨物機を運航していたアボイテツエアーと契約し、同時にセブの代理店として起用した。

アボイテツは10機以上のＹＳ11を運航し、旅客便も行っていた。ハンガー（格納施設）はまるで町の自動車修理工場だったがそれがアジア唯一のＹＳ11の整備工場でインドネシアで飛んでいるＹＳ11の重整備も行っているとのことだった。

ＮＣＡの国際業務が中国国際航空（ＣＡ）や中国東方航空（ＭＵ）と接触を続けていたので、私はそろそろ時期かなと考えて96年秋に貨物機も運航していたＭＵを訪問した。当方は３人だったが、先方は10人ぐらいが出てきた。接客態度も良く〝さすが上海人だ〟と思ったが、本心までは分からなかった。

97年１月には北京のＣＡを訪問し、貨物の張学仁総経理や李錦林副総経理ら数人と会議した。暖房費の節約で寒さに震えながらの会議となったが、非常に和やかな雰囲気だった。

ＮＣＡはニューヨーク発北京向けのヒヨコなどを成田でＣＡ機に積み換えており、その際に事故がほとんどないことをＣＡから高く評価されていた。東京でＣＡの貨物部長を務めていた馬世泉さんが本社に課長で戻っており、会議では話が弾んだ。その後、荷主のシノトランスの呉秉澤総裁以下にも会い、帰ってすぐＣＡと組むことを決めた。

98年にようやく週1便で上海線を開始した。ＣＡとは彼らのコンビ機とスペースの交換などをしながら２００４年には6便になり、彼らにスペースを提供した。

ＣＡとは定期的に北京で会議を重ねた。会議の後は宴会が常となったが、総経理になっていた李錦林氏以下全員が酒豪ぞろいで、毎回運河上の小舟のレストランで盛大に盛り上がった。その際の定例行事は私と馬課長の囲碁対決だった。全員が注目する中、酔っ払った私がいつも敗れ中国側を大いに喜ばせた。

李錦林氏は後にマカオ航空社長に転出したが、以後も交際が続いた。

中国国際航空の李錦林総経理（左）と

セブ・マニラ間運航のアボイテツエアーのＹＳ
11 貨物機（1996 年、左端）

全日空との提携進む　B767貨物機導入で論争

私は西村営業本部長（副社長）の下で1995年に取締役業務部長になり、99年に常務営業本部長、2000年には専務となり運送も管掌することになった。それまで営業は日本郵船や船会社のシマ、運送は全日空のシマと分かれていた両部の人事交流も始めた。

95年6月から日本郵船と全日空の2社体制となり全日空の海外展開も進んでいったので、両者のコストセーブのために2社の協業範囲も広がっていった。

北米ではすべての地域でNCAが先行していたため、全日空の貨物の販売や上屋ハンドリングをNCAが引き受けた。逆に全日空が先行していた香港、上海、ロンドン、クアラルンプールは全日空がNCAの仕事を引き受け、ソウルの支店長は全日空に兼任をお願いした。

日本でも成田、関空、中部で上屋ハンドリングを行っていた全日空子会社のANAロジスティックサービスにNCAが40パーセント程出資し、両者の協業は進んだ。

創業以来、NCAは運航や整備は全日空の転籍者や出向者が担当し、独自の組織運営を行っていた。これは日本の航空局の規制のためであったが、その規制も両社の働き掛けで徐々に緩和された。NCAはコスト削減のために成田、関空、上海での運航支援業務および関空、上海、ソウルでのライン整備業務を委託し、それまでの搭乗整備をやめた。

しかし、NCAで国際貨物の経験を積んだ社員が全日空へ戻り、かつ全日空の国際路線も広がるにつれて微妙な隙間風が吹き始めた。

2000年頃、全日空から「成田・ブリュッセル間に週3便運航していたサベナ・ベルギー航空のB747コンビ機をコードシェアしたい」との話が来た。

この時はNCAの堀相談役が全日空の若狭相談役に抗議して、話は流れた。しかし、01年になり翌年から成田のBラン供用開始に向けて、全日空が「中型貨物機B767の運航を始めたい」との話が来た。

NCAと日本郵船は、NCAの大株主たる全日空が独自に貨物機を運航することは自己矛盾もはなはだしい。仮に運航するにしても、実質的にはNCAが使用するべきだと主張した。

当時のNCA社長は全日空出身の伊地知尚さんで、真剣に全日空と対峙したが結局は全日空が運用することとなった。NCAの創業に大きな貢献をされた若狭さんの威光も薄れ、全日空貨物独立派の力が強くなりつつあった時期であった。

全日空の中型貨物機「B767 — 300F」の就航式典（2002 年、右端）

初の全日空出身社長誕生　FDXと提携　成田発着枠増やす

１９９５年以来経営環境は順調で、98年度には機材８機、34便、売り上げ７０６億円となり、念願の創業以来の累損も解消した。リース機５機を自社保有にすることもできた。

創業時より２代続けて運輸省出身の社長が続いたが、99年６月に全日空から派遣されていた伊地知尚副社長が社長に昇格し、会長には根本二郎日本郵船会長が就任、仲田豊一郎社長は副会長となった。

２０００年度には９機43便、売り上げ８４８億と順調に実績を伸ばした。01年度には10号機が来たが、ＩＴバブル崩壊で世界の貿易が縮小、９月には米国同時多発テロが発生したため、売り上げが88億円減少して72億円の赤字を出した。

私は収支対策プロジェクトを指揮した。他のエアラインからのスペース購入の見直し、エンジン取卸し回数の見直し、ダラス営業所の廃止などを行い、35億円規模の対策を実行して02年度は13億の黒字に転換した。

ポートランド線廃止も決め、路線開始以来お世話になったポートランド港湾局及びポートランド市を訪ねた。70年コンテナ化時の海運ポートランド訴訟事件を思い出し身構えて行ったが、事情を説明して理解いただいた。

この間も来るべき11号機の導入に備えてＦＤＸとの提携を進めた。先発のＦＤＸは成田のＡランの貴重な発着枠を多数保有していた。発着枠は前年の発着回数が80パーセントを下回ると返却する仕組みになっていた。ＦＤＸは全ての発着枠を自社使用することができず、自社の〝フィーダー輸送〟と称して成田から仙台へセスナ機をコードシェアで飛ばすなど、多すぎる枠の維持に苦労していた。

ＮＣＡ機材でニューヨーク、サンフランシスコにコードシェアすれば、ＮＣＡがＦＤＸの発着枠を使うことができる。とりあえず枠の返却が避けられるのと同時にＮＣＡのスペースも使うことができることで両者の利害が一致し、02年からＦＤＸとのコードシェアを開始した。

運航を始めた全日空の中型貨物機（７６７）での成田から香港・上海、小牧から天津へのコードシェアも始まった。

ＮＣＡのコードシェアパートナーはＫＬＭ、アリタリア、ＵＰＳ、ＦＤＸ、ＮＷＡ、全日空の6社となり、その他、ＣＡ、中華航空、大韓航空、マレーシア航空、エル・アル航空ともスペースの売買を通じて提携関係にあった。

アライアンスを担当した業務部マーケティングチームの内藤忠顕チーム長（現日本郵船社長）以下の努力が、ＮＣＡの急激な路線展開を支えていた。

フェデックス（ＦＤＸ）の貨物機「MD－11」

ＫＬＭ・ＮＣＡの大阪・アムステルダム共同運航記念式典にのぞむ伊地知尚社長（左から３人目）

社長に就任　保有機の競争力低下明らかに

２００1年9月、ＫＬＭ以来お付き合いがあるスタン・レート氏が突然、米アトラス航空の名刺を持って訪ねて来た。

アトラス航空は世界の主要な航空会社に貨物機をウェットリースし、急拡大していた。スタンは「ＮＣＡが旧型の不経済機の運航ではいずれ限界が来るので、この際、アトラスからＢ７４７―４００Ｆをリースすべきだ」と主張した。この頃、すでに世界の航空会社は、新型の４００Ｆに移行しつつあった。外国では貨物機のウェットリースは船と同様に広く行なわれていたが「日本では技術規制が厳しく、現実的ではない」とお引き取りを願った。

02年度は経済環境も良く、ＮＣＡは10機で週47便、売上も９０９億円となったが、シンガポールケロシンが00年比５割アップの35ドル以上に高止まりし、経常利益は13億円にとどまった。しかし、同時期に新型の400Fを12機運航していたルクセンブルグの貨物専門会社カーゴルックス航空（CV）は、100億円以上の経常利益を上げていた。

決算報告書を見れば消席率やトンキロ当りの収入ではNCAはCVに勝っていたが、NCAの旧型機とCVの400Fでは、一機当りの年間運航コストの差は少なく見積っても5億円は下らないことが分かった。

NCAは93年から02年にかけて全日空のB747旧型旅客機の改造機を5機導入し、平均機令は16年程度だったが、CVは93年から400Fの導入を始め、99年には10機全てを切り換えていた。

割高で性能の劣る改造機の導入には反対だったが、全日空側の説明では、「400Fは全く異なる機種であり、2機種同時運航は過大な労力と費用を要する。導入時の一時的資金負担も大変だ」というものだった。

ＮＣＡの保有機材が陳腐化し、早急な対策が必要であることが明らかになって来た。このまま油が下がらなければ生き残れないと思った。

03年になり、社長が全日空から日本郵船に代わる機をとらえ、根本会長が「社長が郵船なら企画担当役員も当然、郵船であるべき」と強硬に全日空と交渉し、創業以来始めて企画役員を日本郵船から出すこととなった。

そして6月に私が社長、企画担当取締役には日本郵船から大槻哲二君、会長には全日空の中町義幸副社長が就任した。相談役は中山素平、瀬島龍三、堀武夫、根本二郎の大物４氏だった。

今でも付き合いがある盟友、スタン・レート氏(左)と

保有機の全面交代を決定　中部国際空港に就航　週６便

２００３年に入っても油価は下がらず、シンガポールケロシンが40ドルを上回るようになった。燃料費の大幅増に加えて経年機の整備費が増大し、このままでは経営上の大問題となりかねない。そこで、ようやく旧型機の全面交代が決まり、３月に専務の私を委員長とする新機種導入選定委員会が立ち上がった。

対象機種はＢ７４７―４００Ｆ、Ｂ７４７―４００ＥＲＦ（長距離型）、Ｂ７４７―４００ＳＦ（改造機）、Ｂ７７７Ｆ、Ａ３８０Ｆであった。

導入委員会では、次機種は世界の主流であった４００Ｆと４００ＥＲＦに絞られた。私はシベリア経由欧州直行、シカゴ直行やチャーターなどを考慮して、最近他社の導入が続いていたＥＲＦの導入を主張したが、全日空にはＥＲＦの機材がなく、ＮＣＡだけでの導入は難しいとの理由で４００Ｆの導入となった。

機数は12機としたが、問題は新造機の数だった。

全日空側は当初新造機は3機、残りは改造機を主張したが、私は改造機は割高で性能も劣るため中古機での販売も考慮して新造機の増加を主張した。結局、新造機を05年に2機、06年に2機、改造機を07年～09年に4機、これにプラスして10年～12年にオプション4機を全日空を通じて発注することが決った。

ＮＣＡ保有の旧型Ｂ７４７―２００Ｆ６機の中の６号機が最後のボーイング製造で、既に新型のＢ７４７―４００の製造が始まっていたにもかかわらず旧型改造機５機を導入し、今の惨状を招いた。

ただ４００Ｆも、すでに次世代貨物機をボーイングが開発中で、私は「今さら改造機導入でもないだろう」と反対したが、委員会には整備、運航を含め全日空側の数が勝り、やむを得ない結果となった。

全日空はＮＣＡへの投資をなるべく少なくし、自社旅客機の有効処分を考えて改造機を主張したと思われた。

私や企画の大槻取締役は全日空との共同運営に疑問をもち始めた。NCAの自立を考え始めて、大槻取締役と共にCVを訪問した。旧知のユリ・オーギャマン社長に会い、オペレーションの現状をつぶさに見せてもらった。

05年の中部国際空港の開港に先立ち、01年頃より中部国際空港の平野幸久社長をはじめ多く方がNCAを訪れ、中部国際空港への就航を呼び掛けた。それに応えて2月の開港時には、北米、アジアに週4便と全日空とのコードシェアで上海に週2便の計6便を就航させた。

それは、03年のKLMとのコードシェアの名古屋・アムステルダム便撤退以来の中部地区就航となった。

貨物専門会社カーゴラックスのユリ・オーギャマン社長（現カタール航空貨物のトップ、左）と

整備部門がＮＣＡから消える　全日空からの独立を模索

２００３年11月、Ｂ７４７―４００Ｆの導入決定について大株主の商船三井および川崎汽船に説明に行った。川崎汽船の崎長保英社長は専務時代にＮＣＡの非常勤取締役をされており、社長になられてからも親しくお付き合いさせていただいていた。一通り説明を終えると、いきなり「なぜ改造機を導入するのか」と質問され、答えに困った。

さらに良くないことが起こっていた。ＮＣＡは創業以来独自の整備組織を有していた。しかし、規制緩和の流れの中で一定条件を満たせば、運航整備の現業部門に加えて整備管理業務も他社への委託が可能となった。私が社長になった時はすでに全日空と合意済みで、04年3月末をもってＮＣＡ整備部は実質消滅し、4月以降は委託監査と委託整備費管理の機能を残すだけとなっていた。

創業以来のＮＣＡ整備文化を引き継ぎ、整備部門で活躍していた全日空からの出向者約80人は４人を残して帰任した。ＮＣＡから実質的に整備部門がなくなることで整備の質の低下やコストの増加が懸念され、大変残念に思った。03年6月に全日空の整備関連会社の社長から派遣された野村卓三取締役もこのことは聞かされていなかった。

全日空が本体の整備人員不足を解消するため、出向者を全て引き揚げたという。しかし、ＮＣＡにとって最適の整備方式を放棄することになり、担当ではないとはいえ専務の私に一言も話さず決定されたことを遺憾に思った。そこで、全日空からの完全独立を具体的に考え始めた。

創業以来全面的に全日空に任せていた運航、整備部門の自社化は、航空会社の一からの立ち上げを意味した。大部分の社員は現実的でないと考えていたが、野村取締役や航空大学校卒で全日空で乗員労務も務めた永倉稔取締役は新規立ち上げに適した人材であった。

歴代役員の中でも優れた二人が同時期にそろったわけで、偶然にしても出来過ぎに思えた。しばらくつき合う内に困難な自立にも協力いただけることがわかり、この二人ならやれるとの確信を深めた。

ＩＴ部門もほとんど全日空に委ねていたが、日本郵船から来た刈谷雅明ＩＴ推進室長は大きなシステム立上げの経験者だった。全日空まかせの機材調達も、ボーイングのアラン・ムラーリ社長から「ＮＣＡと直接取引は可能」との回答を得た。私と大槻取締役は日本郵船に対して「ＮＣＡの完全独立は可能」との意見を具申した。04年の夏だった。

ＮＣＡ整備担当の野村卓三取締役（右）とＫＬＭ整備担当役員のソマース氏

郵船がＮＣＡの経営権取得　貨物機を有利に発注

２００４年後半から、日本郵船と全日空はＮＣＡの今後の運営体制に関する話し合いに入った。日本郵船の草刈隆郎会長と全日空の大橋洋治会長は大学の同窓ということもあり、話は進展した。05年7月に日本郵船が全日空保有のＮＣＡ株を買い取り、ＮＣＡの株式55パーセントを保有することになった。全日空は09年末までは運航、整備で支援するが、それ以降ＮＣＡは完全に独立することになる。

社長である私はこの交渉には関与しなかったが、報告は受けていた。しかし全日空の出向者には全く知らされていなかったようで、社内は一時大騒ぎになった。

05年8月5日付で運航、整備の永倉、野村両取締役以外の役員および運航、整備を除く出向者20人ほどが引き揚げた。そのほとんどをプロパー社員で補充したので、管理職となったプロパー社員の意気は上がった。

「未来委員会」という組織を立ち上げ、09年末までのNCA自立のロードマップ作成に取りかかったが、大部分のプロパー社員は完全自立化については半信半疑の状態だった。私は「百聞は一見にしかず」と考えて、当時13機のB747―400Fを運航していたCVのオーギャマン社長にお願いして、同社を視察させてもらうことにした。

9月から11月にかけて、整備、運航関連のスタッフ多数が次々と訪問して、両社で各種オペレーションについての意見交換を行った。視察の結果は、大いに自立準備の参考になった。社員は機材の購入について、従来全日空は規模の利益があり、NCAになれば価格が上がるのではないかと心配していた。

6月ごろ、すでに発注済のB747―400改造機4機の新造機への変更を検討していた時、ロシアのボルガ・ドニエプル航空（ＶＤＡ）副社長のスタン・レート氏から貴重な情報が寄せられた。

「ボーイングが４００Ｆの製造ラインを次世代ジャンボ機の立ち上げまで維持するため、値引き販売を行っている。今のうちだ」

シアトルで開かれたＮＣＡの４００Ｆ初号機のデリバリーセレモニーに出かけ、アラン・ムラーリ社長（後にフォードＣＥＯ）と2人だけで面談して告げた。

「改造4機を新造4機に変更したい。ＮＣＡ直契約で」

翌日、セールスディレクターのジョセフ・マカレアー氏が、価格を書いた紙切れをこっそりと渡してくれた。8月に4機を発注したが、全日空が最初に発注した4機に比べ大幅に安くなっており、耐用年数の少ない中古改造機より有利となった。直購入に変われば価格が上がると心配していたプロパー社員も、次第に自立が実現すると考え始めた。

ボーイング民間航空機部門の社長、アラン・ムラーリ氏（左）と

ボーイング社との懇親ゴルフ会で（左から３人目）

ロシアと共同で中部・欧州線就航　アントノフ124運航会社と提携

私の情報源の一人、スタン・レート氏からVDAとの提携話が来た。スタンはカナダ人で、KLM本社の部長から米アトラス航空に移り、副社長となっていた。アレクセイI・イサイキン社長はプーチン大統領の取り巻きの一人で、定期便事業に乗り出すためにスタンを招いたのだ。

スタンは、エアブリッジ・カーゴ（ABC）のブランド名で北京、上海からルクセンブルグ間の定期便を始めていた。さらに日本や香港から欧州線を始めるためにNCAの協力を求めてきたのだった。

ロシア政権に近い会社であれば油は安く入手できる上、中国路線権の問題もなくビジネスチャンスはあると考えた。旧型B747—200Fの処分に困っていたので、機材の足りないABCに2機をリースし、後に売却することを決めた。

05年夏、その年の2月に開港した中部国際空港からクラスノヤルスク経由フランクフルト線を週2便、ABCの機材でNCAがコードシェアすることが日露航空交渉で決まった。同時にNCAが日本からシベリア上空を通過し、アムステルダム直行を行うための権益とその通過料をVDAを通じて支払うことも決った。

シベリア上空通過料は高額で、JALや全日空はエアロフロート経由で支払っていたが、それに比べてかなり安く済んだ。NCAはABCの日本での集貨代理店も引き受け、翌年1月オペレーションが始まった。NCAの中部路線は北米、アジア、中国、欧州の週8便となった。

11月、ボルガ川中流のウリヤノフスクのVDA本社を訪ねた。ウリヤノフスクはレーニンの生誕地で、昔は軍需産業の中心地として盛えていたが、ソ連崩壊後の軍事予算縮小で巨大な空港は人影もなく、廃墟のようで街もさびれていた。

ＶＤＡ本社で、アントノフのオペレーションセンターや乗員訓練センターを見学した。しかし、ＡＢＣの乗員訓練はユナイテッド航空で行っていた。イサイキン社長が会長を務めるアビアスター社の飛行機工場も見学したが、巨大な工場には製造中の軍用機はなく、片隅でロールスロイス製のエンジンが付いた中型民間機を作っていた。

06年夏、中部国際空港からＡＢＣの貨物機で再びクラスノヤルスクへ行った。現地では大歓迎され、参列した空港上屋の起工式の様子はローカルテレビで放送された。

プーチン大統領とも親しい実力者、ＶＤＡのアレクセイＩ・イサイキン社長（右）と

ウリヤノフスク市のゲート

次世代機のローンチカスタマーに　旧型機の売却で苦労

2005年ごろの世界の航空貨物業界の関心事は、次世代貨物機だった。5月に、エアバスのグレン・フクシマ日本代表が計画中のA380の貨物バージョンの売り込みでNCAに来た。

大型旅客機の開発でエアバスに後れをとったボーイングはその対策として、まずB747の後継大型機貨物機を開発し、それを旅客機に転用すると言われていた。

B747―8Fは実績ある747シリーズを母体とし、新しいアビオニズム翼やB787エンジンなど先進技術を統合した次世代大型機で、B747―400Fと乗員は共用可能で、運航効率は2割程度向上する。CVはすでに航空機開発の後ろ盾となるローンチカスタマーになることを決めていた。

ボーイングの内規では、新型機の生産開始には2社以上のローンチカスタマーを必要としており、NCAに対し破格の条件を提示してきた。NCAはローンチカスタマーになることを決めた。

ボーイングには新型機の仕様をユーザーと共同で決める制度があり、CVとNCAはこのプログラムに参加した。05年末にNCAはボーイングにB747―8Fを確定8機・オプション6機、11年ころのデリバリーで、格安で発注した。

一方、11機の旧型機は提携先の航空会社などに5機は売却、残りも徐々にではあるが購入先が見つかった。そのため、06年ころからは購入先の航空会社の社員が常にNCA社内の一室を陣取り、1カ月ほどかけて1機ごとに過去の整備書類を全て点検した。

データベースは売却時には使用できず、書類は全て原本が要求されていたので倉庫から捜し出すなど、整えるのに大変な人手と時間がかかった。中東やシンガポールでは、政府が日本航空局の証明書類は認めず、機材をアメリカに運んでアメリカ政府の証明書類を改めて取得して売却したケースもあった。NCA整備陣はまさに常在戦場の日々だった。

学生時代にテニスの全米級選手でゴルフの名手でもあるムラーリ社長やキャロウェイゴルフの顧問でもあったラリー・ディッケンソン上級副社長は、新生NCAに大変好意的で大いに助けられた。

ボーイングの筆頭株主ジョンF・マクダネル氏とは親交が厚く、84歳になってもなお現役である日本支社の増沢康年副社長とは、今でもお付き合いをしている。

ＮＣＡがＣＶと共にローンチカスタマーとなった「B747－8F」

ボーイング社のラリー・ディッケンソン上級副社長（右）と

整備自立へ大量採用　規程の準備で連日深夜に

ＮＣＡはＢ７４７―２００11機での営業運航を確保しつつ、運航、整備、ＩＴの自立化を２００９年末までに行うこととなった。これは前代未聞のことで「新規に航空会社を立ち上げるよりも難しい」という人もあったが、「自立ロードマップ」を確実に実行してゆけば、期限内の自立化は可能と考えていた。

しかし、全日空に全面委託していた整備はゼロからの立ち上げで、しかも最初からＢ７４７の国際線運航の体制を構築するという難しい仕事であった。

野村卓三取締役、全日空から来た山本良夫部長、ＪＡＬから来た藤田成康部長を中心に07年7月1日をターゲットに定め、要員の確保や整備委託体制の確立、1等航空整備士の養成、整備管理システムの開発、部品管理体制の確立、格納庫の建設、規程類の準備などの作業に着手した。

06年4月には日本郵船と全日空の協定に基づき、全日空が55歳以上の早期退職者10人を送ってくれた。全員がＮＣＡへの出向経験があり、厳しいけれどもやりがいのあった過去の職場を希望してのことだった。翌年にも10人が入社。また一般公募でＪＡＬや全日空の定年退職者多数が決まり、航空局も数人を派遣してくれた。併せて航空専門学校や大学卒を採用した。

整備人員は06年8月に52人を採用し、07年7月時点では１１０人とほぼ充足できた。そこでＢ７４７—８Ｆに対応する、採光に配慮し日中には照明不要なエコな格納庫を建設することにした。

ＮＣＡはもとは航空局の認定事業場であり、そのころの規程類はあったが、基本事項について事前了承を受けるために担当者は当局への説明を開始した。しかし最終審査を実施する担当官の任命が遅れ、さらに新規参入航空会社の増加もあって充分な時間が取れなかった。

このため連日深夜に及ぶ作業となり、多くが空港内のホテルに泊り込みとなった。何とか規程の準備も間に合い、7月1日から航空局の認定事業場としてB747−400Fの整備を開始することができた。連続式耐空証明は3年後となった。

04年度旧型11機時代に100億円だった整備費は、08年度は整備士の養成費も含め30億円に削減することができた。余談だが、この間、中日本航空専門学校より講師の派遣要請を受け、山本鉱一郎君を派遣した。彼はその後長く、学科長を勤めた。

日本初のエコハンガー（格納庫）を成田空港に建設し、「千葉県建築文化賞」を受賞

運航オペレーションセンター開設　鈴与から訓練センターを賃借

乗員、地上職とも運航要員の多くは国家資格が必要であった。ＮＣＡでは全日空からの出向者が担当していたが、プロパー社員の養成や外部からの人材を確保して、段階的に出向者を減らしていった。

乗員数の確保だけでなく、運航乗員の定期検査を自社で代行出来る「指定本邦航空運送事業者」の資格維持も重要な目標となった。全日空からの転籍希望者全員の受け入れが決まり、ＪＡＬからの応募もあって査察や教官などの基幹要員は確保した。

旧型Ｂ７４７―２００の資格者でＮＣＡに転籍希望の全日空乗員や当時乗務中の外国人乗員全員を、豪カンタス航空でＢ７４７―４００への移換訓練を行い、08年3月末には乗員１５０人（内、外国人１００人）を確保した。

日本人乗員、特に高齢者は〝クラシック型〟と呼ばれた200から、グラスコックピットの400への移換訓練は大変苦労していたが、外国人は高齢者でも全員すんなりと合格し、皆が不思議に思った。

一方、運航地上職は全日空出向者21人と、別に全日空に全面委託していた運航管理要員15人の交代が必要となった。全日空からの転籍希望者やNCAプロパーの理系大卒者数人を全日空の運航部で2年ほど教育訓練してもらい、さらに公募でJALや他の航空会社からも人材を集め、08年3月末には40人が確保できた。

全面的に全日空に依存していた運航システムは米セーバー・エアシリーズを発注し、08年3月末には供用を開始した。運航関連主要業務は全てシステム化された。成田空港にはオペレーションセンターを開設し、3月27日には航空局の運航管理施設検査に合格した。4月1日から運航管理業務、運航支援業務、施設運用および乗務管理業務を開始できた。

07年3月にはCVと協調して、B747—8F対応型のフライトシミュレーターをカナダのCAE社に発注した。成田空港近くに訓練センター建設地を物色し、空港南部工業団地内に適地をみつけた。その所有者が鈴与と分かり、鈴木与平社長に電話をして借用を決めた。

土地は鈴与が未使用のまま長期保有、他社に売却がほとんど決まりかけていたが、賃貸でも良しとしたNCAに切り換えてくれた。千葉県企業庁の分譲条件で、建築は所有者のみと判明した。結局、建屋も鈴与が建ててNCAが借用した。

このことは、後にフジドリームエアラインズが静岡空港の近くにシミュレーター棟を建てる時に、大いに参考になった。

フライトシミュレーターを導入した訓練センター（成田空港）

運航システム「ｉ―ｓｋｙ（セーバー・エアシリーズ」）稼働（前列右端）

4システムを同時に開発　初のオープン系貨物システム

全面的に全日空に依存していた貨物営業システムは全日空と共同開発したユニシスのシステムで、メインフレームは全日空が管理していた。

短期間でこれらのシステムを立ち上げるために苅谷雅明執行役員を中心とする若手10人のIT戦略チームが打ち出した戦略は、全システムに世界で実績のある高規格パッケージを採用し、NCAの業務をそれに合わせる方法だった。

整備部は野村取締役が米TRAXの整備管理システムの採用を決めた。整備はゼロからの立ち上げで、かつ機体の重整備は外国に出す方針を決めていたので、世界標準システムがNCAの整備方式となった。

運航部はマニュアルも全日空のシステムを使用していたので変更に部内の抵抗があったが、永倉取締役はシンガポール航空やキャセイ航空を見学してセーバー方式にする決断をした。

貨物システムはオープン系のテクノロジー採用を決めてパッケージソフトを探していたところ、たまたまインドのＩＢＳ社がオープンシステムのパッケージを売り込みに来た。

まだ世界での実績はなかったが、枠組はしっかりしていた。費用も割安で、ローンチカスタマーとして共同で開発することを決めた。ＩＢＳ社はＮＣＡの要望に沿って日本法人を立ち上げ、開発のピーク時には40人ほどのインド人が来日した。そしてＮＣＡの営業も協力して、満足できるシステムが完成した。

２００７年3月に東京・豊洲に「ＮＣＡコンピューターセンター」を開設し、貨物、整備、運航および同時期に導入を始めたＳＡＰ社の統合会計システムなどを設置した。

貨物以外のシステムの導入準備は大連と上海の会社に発注し、08年3月までに完成した。これでＩＴの自立化を達成した。

４つのシステムを同時開発したことで相互の連携ができ、業界で最も進んだシステムとなった。休日返上や残業続きの作業となったが、ＩＢＳのスタッフはクリスマスや正月も返上して頑張ってくれた。

ＩＴシステム構築ではＳＡＰシステムを除いて20億円程度かかったが、以前全日空と共同開発した貨物システムの分担金よりも少なかった。後にＩＢＳはこの貨物システムを全日空やルフトハンザ、カンタスなどにも売り込み、今では世界の主流になりつつある。

さらに、ＩＢＳは旅客システムも開発し、それはフジドリームエアラインズが現在も使用している。

ＩＴ自立化の立役者、苅谷雅明執行役員

ＩＢＳ貨物システム「ｉＣａｒｇｏ」の調印式で、
ＩＢＳ社チェアマンのＵ．Ｋ．マシウ氏（右）と

ＩＡＴＡカーゴ・コミティーのメンバーに　国際シンポジウムに参加

オランダ線を就航してすぐ、オランダ政府から勧められて日本のジェトロ（日本貿易振興機構）にあたる民間団体ＤＵＪＡＴ（蘭日貿易連盟）に加入した。その後、オランダ大使館から日本のＤＵＪＡＴアドバイザリーボードに加わるよう要請があった。

会長は大西實富士写真フイルム会長で、メンバーはジェトロの渡辺修理事長や福川伸次元通産次官、高橋宏郵船航空社長（後の首都大学東京理事長）ら15人前後。日蘭貿易促進の提言などの他、愛知万博に参加表明の遅れたオランダ政府への働きかけも行った。

航空政策研究会の理事にもなった。この研究会はわが国の航空産業の進展と民間航空の発展を目的として１９６６年に発足し、毎月１回の研究会では航空関係者が講演をしていた。当時の理事長は杉山武彦一橋大教授、事務局長は山内弘隆一橋大教授で、理事はＪＡＬ、全日空の社長、黒野匡彦新東京国際空港公団総裁や学者ら十数人で、その中には竹内伝史岐阜大学教授もいた。私はこの月例研究会で、06年に日本貨物航空、09年にフジドリームエアラインズについて講演した。

大学や業界団体などの講演会で、最大のものは２００４年の第１回上海国際シンポジウムだった。上海の華東管理局と米航空コンサルタント会社ＧＣＭが主催で、世界中から航空当局、航空会社、空港会社、航空代理店などを集めて３日間開催された。

その中の一つのセッションにＦＤＸ専務、ＵＰＳ上級副社長、シンガポール航空貨物社長と共にパネリストとして参加し、約10分の発表と90分程度のパネルディスカッションを行った。

07年にはＩＡＴＡ（国際航空運送協会）のカーゴ・コミティーのメンバーに選ばれた。ＩＡＴＡはＣＡＳＳ（参加航空会社とＩＡＴＡ公認貨物代理店間の航空貨物運賃の精算システム）を始め、航空運送関係の書類や規則の制定など多くの事業や会議体を運営している。カーゴ・コミティーはその最高機関で、世界の主な航空会社の貨物部門トップ12人で構成されていた。

ＩＡＴＡ事務総長でアリタリア航空出身のジョバンニ・ビジャーニ氏が、唯一の日本人として私を推薦してくれた。おそらく、コミティー常連のＫＬＭやＵＰＳなどと親しく、アリタリア航空とも関係が深かったためだったと思っている。

50年の歴史を有する「航空政策研究会」の月例研究会で講演

第1回上海国際航空シンポジウムに参加（2004年）

ＮＣＡ完全独立を達成　米独占禁止法違反で調査

成田空港には「ＮＣＡジャパン」を、中部空港には三菱商事が「中部スカイサポート」を立ち上げ、地上ハンドリングの自社化も完了した。２００８年４月には運航、整備、ＩＴの自社化が始まり、予定より1年ほど早くＮＣＡの完全独立化は達成された。

自立化のめどがついた07年6月に副会長となり、後任の社長には日本郵船副社長の石田忠正氏（現ＪＲ貨物会長）が、会長には日本郵船会長の宮原耕治氏が就任した。社長の4年間はまさに常在戦場で正直、ほっとした気持ちもあった。

一方では、大変な問題が発生していた。06年2月に米司法省が全日空のロサンゼルス事務所に立入調査に行ったのを発端に、ＮＣＡにも米独禁法違反の調査が入った。嫌疑は00年4月以降、世界中のエアラインが採用した燃油サーチャージに関するものであった。

当時、日本の運輸省は輸出入の航空運貨やサーチャージの認可にあたっては、エアライン間の申請調整を日本のエアラインに求める姿勢をとっており、国際航空に関する協定は独禁法除外であった。これは米当局とは正反対で、域外適用もある米独禁法に対する認識の甘さが露呈した形になった。

事件は、ルフトハンザ航空が燃油サーチャージの談合に関し、訴訟対象から免除される権利（リニエンシー）を得るため、米当局に申し出たことで始まった。ロシアと中国を除く世界の主要な航空会社の大部分が米独禁法違反となり、罰金のみならず収監者まで出した。IATAのカーゴ・コミティーのメンバーも調査対象となった。

欧州各国も90年代後半、EUの独禁政策変更により運賃談合は違法となっていたが、過去の慣例で話し合い体質は残っていた。

ＮＣＡは米国で司法省に顔の利く弁護士を雇い、真摯に協力することとした。過去に営業の責任者をしていた私も、弁護士から事実関係の聞き取りや関連文書、各種会議の内容などを確認され、膨大な書類を司法省に提出した。ＮＣＡは罰金こそ支払ったが、１人の訴追者や逮捕者も出さなかった。

私はＮＣＡのトップとしての責任を取り、08年3月に副会長を辞して顧問となったが、この事件はＮＣＡに大きな損害をもたらした。長年にわたりＮＣＡの営業の財産となってきた多くの外国エアラインとの良好な関係を失い、それを支えてきた主要な営業担当者が退職したり、活動が制限されて営業力の大幅低下を招いた。誠に慙愧《ざんき》に耐えない米国の横暴であった。

ＮＣＡ自立記念式典であいさつする
運航担当の永倉稔専務

ＦＤＡ立ち上げに参加　鈴木与平社長の夢　航空会社設立へ

私が日本郵船からＮＣＡに出向したころから、鈴与社長の鈴木与平氏は将来の航空会社設立の夢を語っていたが、それにはいつも否定的な答えを返していた。

世界中の航空会社が「利益を上げているのは寡占の航空機メーカー、独占の空港会社、半独占の空港ハンドリング会社、カルテルの石油メジャーで、唯一自由化された航空会社のみが常に赤字と背中合わせのリスクを負っている」と自嘲気味に語っていたからだ。

しかし２００５年になり、富士山静岡空港建設の日程が明らかになって来たころ、鈴与では鈴木社長の決断で航空会社設立を検討し始めたことを知った。

当初乗客40人程度のプロペラ機で、富士山静岡空港から近場を運航する会社かと想像したが、対象機材がブラジルの76人乗り「エンブラエルE170」と知った。確かに小型プロペラ機では、赤字は小幅で済むかも知れないが発展性はない。

日本の中央部に位置する富士山静岡空港から北海道や九州へ飛ぶのはジェット機の方が適している。しかし、ジェット機の運航は〝リージョナル〟といえども数機程度では成り立つはずもなく、これは大変な決断だと思った。

当時は多忙でなかなか清水には行けなかったので、鈴与と関係のできた運航担当の永倉稔専務を鈴与本社へ週1、2回派遣して、その報告を聞いた。

NCAの経験から、新規に導入する機材を運航する場合は乗員や整備士の養成訓練が多くなり、他社に委託すればコスト高が目に見えている。フライトシミュレーターの導入も必要と考えていたが、その方向に進んでいると聞いて安心した。

08年4月、ＮＣＡの顧問になった私は、鈴木与平社長から「フジドリームエアラインズ（ＦＤＡ）を手伝ってほしい」と言われ、鈴与の顧問となった。以後、清水のＦＤＡ事務所で7月から始まった就航準備委員会に参加したり、当時、神田にあった運航や整備の規程類の認可申請準備の事務所で国土交通省から来た元航空局技術部長の松本武徳特別顧問と書類申請準備状況のチェックなどをした。

ＦＤＡは社員52人で、6月24日に設立された。Ｅ１７０を3機発注し、翌年2月に航空運送事業の許可を受けた。7月の就航に向け準備が本格化したころ、ＮＣＡの顧問を辞め、副社長となった。

2009年2月にＦＤＡの初号機「エンブラエルE170」が到着（開港前の富士山静岡空港）

到着した1号機の前で鈴木与平社長（左から2人目）と

赤と水色の2機で運航開始　乗員・整備士を海外で訓練

航空会社で最も重要なことは安全運航である。安全担保のため、航空会社は法定の有資格者を配置する必要がある。

ただ国家資格保有者の供給源は、大手のエアラインに限られる。新規航空会社が有資格者を集めることは大変な困難を伴うが、ＪＡＬの経営悪化による早期退職者が多数ＦＤＡに応募してくれた。さらに日航系の国内貨物航空会社のギャラクシーエアラインズが事業を停止したため、ここからも乗員、整備士、技術系の人材を得ることができた。

乗員、整備士は機種ごとに限定資格を取る必要があるが、Ｅ１７０は日本に前年導入されたばかりの機種であり、訓練は外国に出かける以外に方法はなかった。

そのため、乗員は08年秋にシンガポールのエンブラエルの訓練センターに行き、フライトシミュレーターによる訓練を2カ月かけて実施した。国交省の試験官もシンガポールに来て技能試験を行った。

続いて、09年2月からは実機試験を開始した。開港前の富士山静岡空港に到着した赤色の1号機を大分空港に移送し、エンブラエルのパイロット教官による離着陸訓練を行って国交省の試験を受け、全員がＥ１７０の型式限定を取得した。開業時の機長９人、副操縦士７人の態勢ができ上がった。

一方、整備士６人は08年11月にブラジルで実機使用訓練を受け、同行した航空局試験官による試験を実施した。12月にはシンガポールでのシミュレーター使用訓練時に国交省の試験を実施した。４人はシンガポールでのシミュレーター使用訓練時と日本での実機使用訓練時に国交省の試験を受け、就航時に必要な資格整備士10人をぎりぎりで確保した。整備運航などの規程類は日航の関連会社が作成した規程をベースに、東京航空局と何度もやり取りしながら審査を受けた。

富士山静岡空港は、立木問題で当初の予定より遅れて09年6月4日に開港した。同時に旅客地上ハンドリング会社の静岡エアポートサービス（現エスエーエス）を立ち上げ、全日空、ＪＡＬ、大韓航空、アシアナ航空のハンドリングおよび給油業務を開始した。

通常、小規模会社では旅客地上ハンドリングなどは大手に委託するが、ＳＡＳのおかげでＦＤＡの就航地においても、実質自社ハンドリングが可能となり、サービス向上とコスト削減が可能となった。

その後、ＦＤＡは施設検査や安全性実証試験飛行を行い、7月21日には整備の認定事業所の認可を受けた。7月23日、赤と水色の2機でＦＤＡは就航した。人員は約１６０人になっていた。

乗員と整備士の訓練を行ったエンブラエルの訓練センター（シンガポール）

ＦＤＡの訓練センターのシミュレーター

日航が撤退した福岡・札幌に参入　小松・熊本はやむなく運休

2000年代後半は、大手航空会社の地方路線からの撤退が相次いだ。

FDAは「地方と地方を結ぶ」を創業理念としてかかげ準備を進めていたが、「就航する航空会社などない」と言われていた富士山静岡空港に、突然、全日空が札幌と那覇線を、静岡県から運航助成を得たJALが福岡と札幌線を就航すると発表した。大手と直接競合しない方針のFDAは小松、熊本、鹿児島を選び、09年7月23日から2機4便で就航した。

就航に先立ち、石川県の谷本正憲知事を鈴木与平社長と共に訪問した。谷本知事とは学生時代からの知り合いで、私がNCAではなくFDAの役員として現れたことに驚かれたが、路線維持のためできる限りの協力をすると約束してくれた。

09年10月、全国地域航空システム推進協議会の地域航空フォーラムが静岡で開かれ、私はパネルディスカッションに参加し、地方航空路線やＦＤＡの話をした。基調講演をされた東京工業大学の屋井鉄雄教授らと歓談したが、ＦＤＡに対する期待の大きさに驚いた。

参加者の多くが、90年代の航空自由化政策で誕生した新規航空会社が１社を除き大手の傘下に入り、地方路線が切り捨てられている現状を憂いていた。また経団連会館で開かれた航空政策研究会の月例研究会でもＦＤＡについて発表したが、この時も事務局長の山内弘隆一橋大教授をはじめ、大勢の関係者に励まされた。

しかし、ＦＤＡの就航初年度の搭乗率は、小松39パーセント、熊本42パーセント、鹿児島57パーセントにとどまった。

そんなＦＤＡに神風が吹いた。ＪＡＬが運航補助をめぐって静岡県と対立、

1年をたたずに撤退した。ＦＤＡは10年3月に福岡3便、札幌1便を始めた。その後、小松、熊本線はやむをえず運休した。

熊本県の蒲島郁夫知事にお詫びに行ったが、蒲島知事が鈴木社長と親しかったことや、名古屋（小牧）・熊本線が就航したことで何とか申し開きができた。運航継続を強く望む石川県にも、それまでいただいた協力のお礼と運休のお詫びをした。

福岡便を開始する前に、福岡県の麻生渡知事を訪ねた。開口一番「他社が撤退した路線をやっていけるのか」と質され、「日航とは地方路線に対する考え方が違う」と答えた。

以後、私は「人もやらない路線をやっているＦＤＡです」と言うことにした。

ＦＤＡ就航セレモニーで挨拶する鈴木与平社長（富士山静岡空港で）

富士山静岡空港に初便が就航（2009 年 7 月 23 日）

大きな決断　信州まつもと空港進出　ＦＤＡと地元がスクラム

ＦＤＡの開業間もない２００９年9月、信州まつもと空港から伊丹を毎日、福岡、札幌を交互に曜日運航していた日本エアコミューター（ＪＡＣ）が運休するという話が入ってきた。

長野県の村井仁知事が清水に鈴木与平社長を訪ね、ＦＤＡの路線開設を要望された。私も牧之原のＦＤＡ本社で松本市の菅谷昭市長の訪問を受けた。国交省からも就航の要請があった。

松本運航には乗員や整備士の増加が必要で、毎日運航するのに十分な需要が見込めるか、保有3機で計10便の機材回しは可能かなどを検討した。

静岡だけの運航は限界が見えていた。長野県は観光面では大きなポテンシャルがあり、ＦＤＡの就航辞退は信州まつもと空港から定期便が消えることを意味する。創業理念に基づき「ここはやるべし」との鈴木社長の決断で、6月1日から福岡・松本、松本・札幌線を各1日1便で開始した。

就航前、村井知事一行に同道し、高橋はるみ北海道知事、高向巖札幌商工会議所会頭や松本市観光大使の横内龍三北洋銀行会長ら関係者を訪問した。福岡、札幌の毎日運航で提供座席数が倍増したので、長野県や松本市はプロモーションのために多額の予算を計上して、福岡や札幌での宣伝や長野物産展を展開した。

また県、市、地域の自治体および商工会議所も入った信州まつもと空港利用促進協議会とFDAが共同で、福岡などで地域プロモーション行事を何度も行い、誘客増に取り組んだ。私も何度か、阿部守一長野県知事一行と博多の街で信州のリンゴを配った。

初年度の搭乗率は札幌71パーセント（月3400人）、福岡47パーセント（月

2300人）程度に終ったが、これ以降の懸命な誘客活動の結果、15年度は福岡線を2便化して月5500人の利用となった。

運航上でも、国交省の協力で最低降下可能高度を326メートルから128メートルに下げて、天候による欠航率をJAC時代の半分以下に改善し、運航の信頼性を高めた。

機体がグリーンの4号機が入り、その飛行機が松本市の観光大使の拝命を受けた。私は松本市のシンボルマークをつけた4号機の後見人として、毎年他の観光大使と共にパネルディスカッションなどに参加した。

就航直後のFDAにとって松本進出は思い切った決断ではあったが、地元の熱意とFDAの努力がうまくかみ合った。これはFDAの地方路線運営のモデルケースとなった。

展望デッキには歓迎の人の波ができた信州まつもと空港へ就航

福岡の地下鉄に信州アピールライナーが運行(2011 年 10 月 10 日、左端)

県営名古屋空港に本拠　ジェイエア撤退でFDAに展望

２０１０年5月、ＪＡＬの子会社ジェイエアが県営名古屋空港から11年春までに全面撤退すると表明した。そこで6月に鈴木与平社長らと神田真秋愛知県知事を訪問した。神田知事から「ＦＤＡの名古屋就航を歓迎する」との言質を得た。

続いて、7月に私は名古屋空港周辺の2市1町（春日井市、小牧市、豊山町）を訪問したが、ジェイエアの撤退で自衛隊の基地一色になるという危機感を抱いていた2市1町には大歓迎され、その様子は名古屋の新聞やＴＶにも大きく取り上げられた。

そして、10月末に5号機を受領して名古屋空港から1日5便で福岡に就航したが、この時は周辺自治体、経済団体には全面的に協力をいただいた。「県営名古屋空港活性化に関する協議会」が、伊藤太春日井市長を先頭に岐阜県主要自治体を訪問するキャラバンを3日間にわたって実施し、私も参加した。尾張地区にある24の商工会議所・商工会も「県営名古屋空港利用促進経済団体協議会」を結成し、FDAと共に岐阜県や長野県南部の経済団体を訪問した。

FDAは100人以上の人員を名古屋空港に移し、ここを本拠としてハンドリングやカウンター業務を行うSASも30人ほどで業務を開始した。

翌年3月には熊本線も決定し、次は東北路線を目指した。前年にJALがセントレアから年間旅客数10万人規模の青森と花巻線を休止しており、これをエンブラエルE170で名古屋空港に移管する計画だったが、関係者間で調整がつかず路線は休止のままだった。FDAは名古屋空港からの就航を国交省へ働きかけた。

2月には青森県の青山祐治副知事、続いて愛知県からの進出企業に路線の再開を厳しく迫られていた岩手県の上野善晴副知事が来社し、青森と花巻への就航を要請された。

財務省から出向の上野副知事は、以前不調に終ったＪＡＬの路線移管にもかかわり、この問題の複雑さは十分承知だった。

愛知県、青森県、岩手県は国交省への働きかけを強め、二市一町からも直接大臣へ陳情に行っていただいた。しかし国交省は、ＦＤＡはまずジェイエア路線に就航すべきだと考えており、進展がなかったところに東日本大震災が起こった。

岩手県、青森県が復興支援のためにも路線が必要と直接大臣に陳情した結果、本来はセントレア路線であるが、特例としてＦＤＡが1年単位で就航することとなった。国交省には新定期路線の開設を例外的に早い就航手続きで認めてもらい、5月21日に花巻へ、7月2日には青森への初便が就航した。

【東日本大震災の復旧支援で東北路線も開始】

名古屋いわて花巻線就航セレモニー（2011 年 5 月 21 日）

名古屋青森線就航セレモニー（2011 年 7 月 2 日）

ＬＣＣ就航で乗員が大量流出　念願の指定本邦航空運送事業者を取得

名古屋空港でのジェイエア運航９路線中、２００９年の最大旅客数は福岡５便の約18万人で、その他８路線は全て４万人前後かそれ以下であった。これらの路線に頼るだけではＦＤＡの経営は難しいと思っていたが、幸い東北２路線の就航が決まり将来が見えてきた。

紫の６号機を受領し、12年３月から新潟線の新設と東北２路線の２便化を行った。しかし順調に機材、路線、便数を増やしてきたＦＤＡに逆風が吹いた。11年から12年にかけて、いわゆる格安航空会社（ＬＣＣ）３社が日本で新規に運航を開始したからだ。

ＬＣＣ各社の乗員確保の仁義なき戦いが始まり、それにＦＤＡも巻き込まれた。元ＪＡＬの社員を中心に、若手30人ほどがＬＣＣに移ったのだ。全員が４

カ月ほどをかけて限定変更の訓練を行った乗員だった。そのコスト約4・5億円はもちろん、乗員数減による事業計画への影響は深刻だった。11年10月に70人いた乗員は、13年3月には54人にまで減少した。

13年3月度には創業4年目にして初めて償却前黒字となり、次は経常黒字を期待したが、乗員不足で定期の増便やチャーターの増加がかなわなかった。また中部国際空港からジェットスターが福岡、熊本に就航した影響で運賃が下がったこともあり、13年度は黄色の7号機、14年度にはティーグリーンの8号機を受領したが、両年度とも償却前でも再度赤字に転落した。

15年度になり乗員の確保ができ、黄金色の9号機も使用しての新規路線や増便、チャーター便の増加が出来た。

鈴木与平社長の決断で、創業直後から飛行機1機分ほどかかるエンブラエル用フライトシミュレーターを導入した。自衛隊の中途退職者や外国人、航空会社、包括業務提携契約を結んだ熊本の崇城大学などから乗員候補を受け入れ、毎年自社で30人ほどを養成していた。しかし年齢などによる退職者が年10人ほどいたため、適性乗員数の回復には15年までかかった。

エンブラエル用のシミュレーターは日本にこれ1台で、それまで海外に送っていたジェイエアの乗員訓練も引き受けてフル稼働であった。これがなければ、09年に2機4便で始め、以後、信州まつもと空港や名古屋空港への展開は不可能であった。

訓練部の懸命の努力で、乗員は現在（２０１６年6月）95人になっている。ＦＤＡで副操縦士となった乗員6人が機長に昇格した。副操縦士として他社から移って来た乗員の多くが現在では機長になり、教官や管理職機長として活躍している。15年2月には念願の「指定本邦航空運送事業者」の資格を、東京航空局より得た。

崇城大学との包括業務提携調印式で握手をかわす（左）

地域の皆さんと名古屋・丘珠チャーター初フライト（2013年11月16日、右端）

地方路線さらに拡大　高知、山形線を開始

２０１２年度は６機10路線（静岡３路線、松本２路線、名古屋５路線）15便（往復）、旅客数72万人、搭乗率65パーセントで償却前黒字となったが、経常黒字を達成するためには、さらなる運航規模の拡大が必要だった。

13年度は７号機を受領、名古屋空港からの新路線開設には種々制約があったため、実績のあったジェイエア路線を対象として検討した。

これまでＦＤＡには東北、松本、新潟、札幌のように、冬に旅客が減少する路線が多かった。10年度のジェイエア９路線中、３番目に実績の多かった高知線が対象になった。

高知は中京地区と工業的な繋がりは弱いが、陸路では５時間ほどかかり、青果生産は盛んで、豊山町にある名古屋市北部市場の関係者からも路線の再開を

度々要請されていた。高知県から毎年新卒者が300人程度は中京地区に就職しているという情報もあった。何よりも旅客数の季節変動が少ないことを重視、路線の開設を決めた。

就航を契機に小牧市と南国市が防災協定を結び、愛知県や空港周辺自治体、商工会議所の皆様にも利用促進に力を入れていただき、初年度の実績は4万1000人（10年度ジェイエア3万5000人）、搭乗率70パーセントと好成績であった。

13年度は、他に花巻、青森を増便して計3便増となり、再度、償却前赤字となったが、14年度は、東北第2の工業県として中京地区との関係を強めたいと、路線開設の要請を山形県から強く受けて過去の実績は少なかったが路線開設を決めた。山形大学工学部の卒業生が1000人以上中京地区にいるという情報もあり、また、観光客を新潟線からまわすことも考えた。

私も山形空港周辺の工業団地にある多くの企業を訪問し、彼らが中京地区との取引を増加させたいと考えていることを知った。初便は直前に受け取ったティーグリーンの8号機を使用、山形の名産であるラ・フランスの色として大歓迎を受けた。

就航を機に村山市と岐阜の羽島市が防災協定を結び、以前から姉妹都市であった上山市と高山市の交流や、14年に始った国交省の地方航空路線活性化プログラム対象8路線に名古屋・山形線が選ばれたこともあり、山形県は吉村美栄子知事を筆頭に「西の伊勢参りと、東の出羽三山参り」を強力に推進し、誘客に力を入れた。

1年目の実績は3万7000人（10年度ジェイエア1万1000人）、搭乗率63パーセントとまずまずの成績だった。なお、私はこの年6月、代表取締役副会長となった。

名古屋・高知龍馬空港就航記念セレモニー（2013年3月31日）

山形＆三重観光フェアで（2015年7月、中央）

創業7年目で経常黒字に　名古屋空港9路線となる

２０１５年度は黄金の9号機を受領、出雲線と北九州線を開始した。出雲は60年ぶりの出雲大社遷宮で全国的に注目をあびている人気の観光地で、特に女性に人気が高く、かつ陸路では5時間以上かかる遠隔地だった。松江城が大口町出身の堀尾義晴により築城された縁で、尾張地区の堀尾顕彰会や松江の堀尾会の皆様からは路線の開設を待ち望まれていた。

また神在月の関係で、他路線では需要が落ちる11月にも需要が見込まれるため、有望と考えた。島根県の小林淳一副知事や出雲市の長岡秀人市長が以前から何度も来訪されて強い要請を受けていたものの、ジェイエア路線ではないので、当初は関係者間の調整が難しいと言われていた。しかし、島根県の溝口善兵衛知事にも国交省へ陳情に行って頂き、何とか開設にこぎつけることが出来た。

開設に際して島根県の関係先多数を訪問したが、私の次男の興がＪＲ西日本の松江支店長として地域開発に関って広く知られていたため、どこへ行っても「駅長さんのお父さんが来た」と大歓迎され、一躍、島根県で有名人になってしまった。

松江市と大口町が姉妹都市、小牧市と出雲市が防災協定を締結するなど地域間交流も盛んになり、初年度の実績は４万１０００人、搭乗率69パーセントと好調であった。

北九州線は以前ジェイエアが運航しすぐに運休したが、中京地区とは工業的に繋がりが強く、地域間流動が多いことでビジネス客を目標に朝夕２便で始めた。しかし予想よりはるかに新幹線の競争力が強く大苦戦を強いられているが、何とか我慢して続けている。

北九州市と共に必死で路線維持の努力をしたが、初年度実績４万９０００人、搭乗率42パーセントに終った。この年はさらに、松本・福岡線を２便化、福岡からの旅客が増加、通年で６万６０００人、搭乗率57パーセントで地域の期待に応えることができた。

15年度は、北九州線の不振にも関わらず油価の低下に助けられて念願の経常黒字が達成できた。翌16年度は各方面との調整に苦労したが、高知、山形、出雲を２便化、花巻線を４便化した。地域の皆様に支えられ、目下のところどの路線も順調に推移している。

名古屋・出雲の複便化記念（2016 年 7 月出雲空港で、中央）

春日井市観光コンベンション協会主催のＦＤＡ就航地商工会議所青年部による第１回ＦＤＡサミット（2016 年 11 月 17 日、左端）

路線維持は地域の皆さんと共に　ＦＤＡ 名古屋に定着

「地方と地方を結ぶ」

ＦＤＡは２００９年７月に静岡で誕生し、10年10月に名古屋空港に本拠を移した。当初の２機３路線４便は、現在（２０１６年11月）11機16路線34便に拡大した。そのほとんどは大手の撤退した地方路線であり、その内11が単独路線である。旅客数の少ない地方を結ぶチャーターにも力を入れ、就航した地方空港は50以上にのぼる。

しかし、大手の撤退した地方路線を維持することは容易なことではない。就航地の自治体や経済団体はこのことをよく理解されており、さまざまな形で応援、協力をいただいている。

空港利用促進経済団体協議会はすべての空港に設けられ、各種利用促進策やご当地のＰＲに努めており、私も愛知県、周辺の自治体や商工会議所の皆さんと共に就航先を訪問し、ＦＤＡと愛知のＰＲを行ってきた。名古屋空港の周辺自治体と就航先の自治体とは姉妹都市や文化交流、防災などでさまざまな協定を結び、交流を深めている。

東日本大震災を契機として、名古屋市と陸前高田市は友好都市協定及び両市の教育委員会による「絆協定」もある。ＦＤＡは陸前高田の中学生の移動協力で河村たかし市長から表彰状をいただいた。

また就航先各県の県人会総会や懇親会には、知事、副知事、自治体首長らに混じって、私もメンバーのように招待される。緑の4号機は松本市から観光大使を拝命され、黄金の9号機は岩手県のご当地キャラ「そばっち」を機体にデザインし、ＰＲの先兵となっている。

私も名古屋に来て5年半、愛知県を中心に岐阜県、三重県や就航地の多くの皆さんとの交流の機会を得た。ＦＤＡの知名度は序々に上がり、地域の航空会社として受け入れられつつある。

日本貨物航空（ＮＣＡ）時代の国際関係一色から、この8年間は全て国内の仕事となった。名古屋に移り住んで多くの皆さんとお付き合いができ、大変感謝している。

最後に。子供のころ、祖母はよく「月給取りはつまらない」と言っていた。その言に背き、50年間、月給取りとしてその時やるべきことに全力で取り組んできた。しかし全てが自力でもなく、大事を成し遂げたわけでもない。周囲の人たちに助けられ、今日まで来たにすぎない。

ＦＤＡは就航7年にして黒字となった。それを機に代表取締役副会長を退いて相談役となったが、今後もしばらくは名古屋にとどまり、ＦＤＡの飛び立つ翼を見守るつもりでいる。

ＦＤＡ１号機の前ねぶたと「青森ねぶた祭」に参加（2011年、右）

盛岡さんさ踊りパレードに参加（2011年、踊り前列左）

あとがき

　これまでを振り返りますと、子供のころはあまり親から干渉された覚えはなく、自由に行動させてもらったような気がします。会社に入っても、いわゆる良いサラリーマンではなかったようです。職場を見まわして、その時は誰もやっていないけれど、必要だと考えられることに力を注いで来たように思います。

　幸いにもその様なことが出来る、良い上司、同僚、部下や環境に恵まれたと思います。すべてにわたり自分で計画を立てて実行に移したわけでもなく、潮の流れに乗るように、その時その時に判断して進むべき方向に進んで来た結果、今があります。いわば自然体でその時、天から与えられたことに取り組んで来たこれまでだったかもしれません。

　思えば、中国山地の東端、奥播磨の宍粟に生まれ、姫路、京都、神戸、大阪、東京、そして、今は名古屋で暮らしています。また、その間20代、30代、40代には外国での暮らしがあります。子供のころ、誰がこのような生活を想像出来たでしょうか。

年を重ね、改めてこんなことを考えるようになっていた時、たまたま中部経済新聞社の恒成秀洋編集局長より「マイウェイ」の執筆を頼まれました。「自分は中京地区の人間でもなければ、大事を成し遂げた訳でもない」と問いかけましたが、「名古屋に本拠を移した航空会社で既に5年以上経過、かつ過去に色んなことをやって来ているようですから是非」と言われ、執筆することにしました。

私のマイウェイは、幼少時から日本郵船の時代までは自分史、その後の日本貨物航空（ＮＣＡ）の時代は種々の事情があり、今では自分しか知らないと思われることを意図して書いたつもりです。ＦＤＡの時代は、まさに会社の歴史です。

終りに、本稿執筆にあたり多くの方々から資料や写真の提供を受けました。私も製作にかかわりましたNCAの20年史『飛翔』も、大いに参考にさせて頂きました。

日本郵船やNCA、FDAの多くの現役・OBの皆様にも快く御協力頂きましたことに深く感謝し、厚く御礼申し上げます。

平成29年1月吉日

筆　者

＊本書は中部経済新聞に平成二十八年七月一日から同年八月三十一日まで五十二回にわたって連載された『マイウェイ』を改題し、新書化にあたり加筆修正しました。

内山 拓郎(うちやま たくろう)

1967（昭和 42）年京都大学法学部卒、同年日本郵船入社。84 年日本貨物航空大阪営業所長、2003 年社長、07 年副会長などを経て、08 年鈴与に入社。同年フジドリームエアラインズ特別顧問に就き、副社長、副会長を経て 16 年 6 月に相談役に就任。兵庫県出身。

中経マイウェイ新書　033

空《そら》に道《みち》あり　その道《みち》を歩《あゆ》む

2017 年 2 月 13 日　初版第 1 刷発行

・

著者　内山《うちやま》 拓郎《たくろう》

発行者　永井 征平　発行所　中部経済新聞社

名古屋市中村区名駅4-4-10　〒450-8561
電話 052-561-5675(事業部)

印刷所　モリモト印刷株式会社　製本所　株式会社三森製本

ISBN978-4-88520-206-3